Serie Literatura y Cultura
Editor General: Greg Dawes
Editora encargada de la serie: Ana Forcinito

Hallazgo y traducción
de poesía chilena

Dave Oliphant

Editorial
A Contra corriente

Raleigh, NC

© 2019 Dave Oliphant

Reservados todos los derechos de esta edición para
© 2019 Editorial *A Contracorriente*

All rights reserved for this edition for
© 2019 Editorial *A Contracorriente*

Para ordenar visite http://go.ncsu.edu/editorialacc

ISBN: 978-1-945234-54-5

Library of Congress Control Number: 2018956208

ISBN-10: 1-945234-54-7 (pbk)
ISBN-13: 978-1-945234-54-5 (pbk)

Coordinación y producción editorial de S.F. Sotillo
Diseño de interior de Jeremy Miller y S.F. Sotillo
Fotografía de Nicanor Parra por Javier Ignacio Acuña Ditzel, via Flickr, bajo licencia Attribution 2.0 Generic (CC BY 2.0)

Esta obra se publica con el auspicio del Departamento de Lenguas y Literaturas Extranjeras de la Universidad Estatal de Carolina del Norte.

This work is published under the auspices of the Department of Foreign Languages and Literatures at the North Carolina State University.

Distributed by the University of North Carolina Press, www.uncpress.org

Índice general

Agradecimientos · vii

Chile, 1965 · 13

Visitas con Nicanor Parra · 23

Un tejano descubre la antipoesía de Parra y la trata de traducir · 35

Trilce/Arúspice/Tebaida · 46

Guillermo Blest Gana, romántico total · 53

Introducción a la traducción de *Discursos de sobremesa* de Nicanor Parra · 65

Huidobro y Parra: dos generaciones de antipoetas · 72

El antipoema como prédica cervantina · 100

Introducción a la traducción de poemas de Enrique Lihn en *Figures of Speech* · 122

Enrique Lihn: Poeta en Nueva York · 134

Rememorando la historia literaria con Alicia Galaz   147

Introducción a la traducción de *Perro del amor* de
Oliver Welden   155

La poesía y la antipoesía de Chile   161

Presentación de Pequeña antología tejana   168

La nueva poesía chilena y su nonagenario antipoeta   171

Reseña de *Bitácora del emboscado* de Francisco Véjar   176

Jazz en Chile y en su poesía   179

El canto de América   186

«Para poder traducirlos amplío mi mundo»: entrevista
a Dave Oliphant, traductor de Nicanor Parra   193

Imagen y poesía de Dave Oliphant   202

Agradecimientos

Estoy por siempre agradecido con las siguientes publicaciones en las que aparecieron por primera vez o fueron reimpresos los ensayos, las introducciones de libros y antologías, las traducciones, reseña y entrevista que están incluidos en y que dan vida a esta colección.

«Chile 1965», *The Daily Texan,* 31 de octubre de 1965; reimpreso en *On a High Horse: Views Mostly of Latin American & Texan Poetry* (Fort Worth, Texas: Prickly Pear Press, 1983), 1-5.

«Visitas con Nicanor Parra», fragmento de *Harbingers of Books to Come: A Texan's Literary Life* (San Antonio, Texas: Wings Press, 2009), 209-214.

«Un tejano descubre la antipoesía de Parra y la trata de traducir», *Ciclo Homenaje en torno a la figura y obra de Nicanor Parra* (Santiago, Chile: Ministerio de Educación, 2002), 193-197.

«Trilce/Arúspice/Tebaida», *Road Apple Review* 4, no. 1 (1972): 4-8.

«Guillermo Blest Gana, romántico total», *Revista Chilena de literatura,* nos. 5/6 (1972): 37-45.

«Introducción» a *After-Dinner Declarations* de Nicanor Parra (Austin, Texas: Host Publications, 2009), i-vii.

«Huidobro y Parra: dos generaciones de antipoetas», *Huidobro's Futurity: Twenty-First Century Approaches*, ed. Luis Correa-Díaz & Scott Weintraub (St. Paul-Minneapolis: University of Minnesota Press, 2009), 136-151; traducido y reimpreso en *La futuridad absoluta de Vicente Huidobro*, ed. Luis Correa-Díaz & Scott Weintraub (Raleigh, North Carolina: Editorial A Contracorriente, 2018), 190-212

«El antipoema como prédica cervantina», *El sol de los talleres: Estudios en homenaje a Stanislav Zimic*, ed. María Ángeles Fernández Cifuentes (Newark, Delaware: Juan de la Cuesta, 2014), 189-200.

«Introducción» a *Figures of Speech* de Enrique Lihn (Austin, Texas: Host Publications, 1999; segunda edición, 2016), i-xiv.

«Enrique Lihn: poeta en Nueva York», *The Guadalupe Review*, no. 1 (1991): 303-311; reimpreso en *Enrique Lihn: Bitácora dedicada a la obra y palabra del poeta chileno Enrique Lihn*, 3 de noviembre de 2010: publicación virtual, Santiago.

«Rememorando la historia literaria con Alicia Galaz», *Trilce*, no. 28 (2010): 10-13.

«Introducción» a *Love Hound* de Oliver Welden (Austin, Texas: Host Publications, 2006), i-v.

«La poesía y la antipoesía de Chile», *The Dirty Goat*, no. 10 (1999): 1-3.

«Presentación» de una «Pequeña antología tejana», *El Navegante 2*, no. 2 (2007): 116-135.

«La nueva poesía chilena y su antipoeta nonagenario», *The Dirty Goat*, no. 17 (2007): 14-16.

Reseña de *Bitácora del emboscado* de Francisco Véjar,
    Mapocho: *Revista de humanidades*, no. 59 (2006):
    433-434.
«Jazz en Chile y en su poesía», *Extramuros* (enero 2008):
    publicación virtual, Valparaíso.
«El canto de América», *The Texas Observer* 85, no. 25
    (1993): 18-19; traducido y reimpreso en *Re-visiones de Ernesto Cardenal* (Managua, Nicaragua:
    ANE, Centro Nicaragüense de Escritores, 2010),
    429-434.
«Para poder traducirlos, amplío mi mundo», entrevista a
    Dave Oliphant, traductor de Nicanor Parra», por
    María Inés Zaldívar, *Taller de letras*, no. 48 (2011):
    179-183.
«Imagen y poesía de Dave Oliphant», texto y traducciones
    de Oliver Welden, *Revista Universidad de Chile sede
    Arica*, no. 2 (1974): 53-56.

en memoria de
Dr. Russell Durning (1938-1979)
profesor de literatura comparada
en la Universidad de Illinois del Norte
y director de mi tesis doctoral
sobre la antipoesía
en los EE.UU. y Chile

Chile, 1965

Una liebre saltaba al borde de la pista donde nuestro avión esperaba autorización de la torre de control, la luz del día pasando por sus largas orejas mientras las levantaba, escuchando las hélices zumbando en el calor de Austin[1]. Sentado junto a Mike Hennen, un compañero que estudiaba la carrera de Asuntos Latinoamericanos, yo ya me daba cuenta de mi limitado conocimiento del español, de modo que la torre, las orejas de la liebre y el rugido ensordecedor del avión me sirvieron para hacerme dramáticamente consciente de cómo todo lo que oiría en Chile bien podría sonar como el balbuceo infame del que habla la Biblia.

Que ese fuera justamente el caso era para mí un pensamiento muy angustiante, ya que, tal como todos los quince de nosotros, tejanos ligados a Chile (y estamos realmente unidos a Chile ahora, por lazos mucho más fuertes que el Departamento de Estado jamás conocerá), yo deseaba comunicarme, ¡no convencer —tú entiendes— sino comunicarme! Quería conocer a la gente del país, especialmente

---

1 «Chile 1965», *The Daily Texan*, 31 de octubre de 1965; reimpreso en *On a High Horse: Views Mostly of Latin American & Texan Poetry* (Fort Worth, Texas: Prickly Pear Press, 1983), 1-5.

a sus poetas. Y así, durante ese día y esa noche de vuelo, mis esperanzas y miedos se hicieron casi insoportables a través de Houston, Miami, Ciudad de Panamá y Lima, Perú. Finalmente, con la mañana y los Andes cubiertos de nieve, descendimos al valle de Santiago, de repente allí, Cristóbal Colón todos.

Antes de salir de Texas, había leído los poemas de dos poetas y una poetisa chilenos: Nicanor Parra, Pablo Neruda y Gabriela Mistral. En Chile conocí a cada uno de ellos de manera diferente, compartiendo con Parra en su casa en las afueras de Santiago, discutiendo contra la florida poesía de Neruda con estudiantes en Valparaíso, y visitando, en el norte de Chile, la tumba de Mistral en Vicuña, su pequeño pueblo. A pesar de que Parra fue el único poeta con quien entré en contacto directo, pude experimentar a través de los estudiantes chilenos a los tres poetas en términos más íntimos de lo que es normalmente posible, sobre todo cuando los autores ya han fallecido (Mistral) o están fuera del país (Neruda).

Además de los tres poetas, también conocí al cuentista Luis Domínguez, cuyo nombre no conocía. Recientemente Domínguez ha sido publicado por Zig-zag, el equivalente chileno a la casa editorial de vanguardia estadounidense New Directions. Al igual que Parra, Domínguez es profesor en la Universidad de Chile: el primero es profesor de física en el Instituto Pedagógico de la universidad, y el último enseña en la Escuela de Periodismo. Mientras viví en la residencia estudiantil del Instituto Pedagógico, también pude conocer a muchos escritores estudiantes, de hecho, parecía que casi todo el mundo en el campus era un joven poeta aspirante. Junto al «fútbol», la poesía me pareció ser la preocupación nacional entre los universitarios. Este poco común interés en la poesía ha producido un sorprendente número de buenos

Chile, 1965

poetas, especialmente teniendo en cuenta el tamaño del país (8 millones de habitantes).

Nicanor Parra, el primer escritor que conocí y el que más ansiaba conocer, es poco respetado en su propio país, como ocurre a menudo con los experimentalistas, a pesar de que en el extranjero Parra está ganando un amplio reconocimiento por sus cándidos poemas. Por ejemplo, en Estados Unidos, New Directions publicará pronto traducciones de su trabajo hechas por Thomas Merton y William Carlos Williams, mientras que la editorial City Lights ya lanzó un volumen con sus primeros poemas, y que fue catalogado por un crítico como el más notable de la serie de City Lights. La razón de mi interés personal en Parra se debe a la similitud de su obra con la de Robert Creeley —un prominente líder de la dura y directa escuela de poesía estadounidense—. Aunque había algunos estudiantes chilenos que apoyaban la obra de Parra, la mayoría o sabía muy poco sobre él o consideraba ridículo ubicarlo a la misma altura de Neruda y Mistral.

Durante una velada compartida en la casa de Parra, le pregunté cuál era la causa de esa reacción de los estudiantes. Le parecía que los críticos literarios de su país habían llegado a juzgar sus versos como la obra de un iconoclasta, de un físico que destruía toda poesía. «Todavía quieren "belleza" y su reparto de mil adjetivos», me dijo en su excelente inglés. «Cuando Allen Ginsberg se quedó aquí con mi familia hace dos años, también habló de este mismo problema en los Estados Unidos. Es una persona muy interesante y creo que es un buen poeta». Sentado en un sofá fumando su puro Havana —Parra estuvo en Cuba hasta que se le pidió abandonar la isla luego de que los revolucionarios descubrieran que no era realmente un poeta político— habló de sus visitas a Rusia y los Estados Unidos, de las obras de arte de su hermana Violeta Parra (una de las cuales estaba colgada en la pared a sus espaldas), y de su último libro de poemas, *Versos de salón*. El título, «Versos de salón», es irónico, dijo, porque los versos nunca se pueden leer en un salón, que al parecer es un lugar apropiado, pero uno que «el poeta» no respeta. (Al referirse a sus propias obras, Parra siempre dirá que «el poeta» ha hecho tal y tal cosa, como si estuviera hablando de otra persona.) Junto con cada nuevo tema, nos agasajaron con otra ronda de vino chileno, una bebida que forma parte importante de la vida en el país de Parra, tanto que escribió un poema titulado «Coplas del Vino». «Coplas» son versos, pero en la apariencia y sonido de esa palabra está también la asociación con la palabra copas. Uno de los brindis más populares que hicimos en Chile fue cantar una canción llamada «Copas de vino». Parra incluye ese brindis, la función social de beber vino, y su propio arte poético en su poema simple y conmovedor. Es demasiado largo para citar en su totalidad, pero aquí hay tres estrofas como una «muestra».

> El pobre toma su trago
> Para compensar las deudas
> Que no se pueden pagar
> Con lágrimas ni con huelgas.
>
> El ciego con una copa
> Ve chispas y ve centellas
> Y el cojo de nacimiento
> Se pone a bailar la cueca.
>
> El vino cuando se bebe
> Con inspiración sincera
> Sólo puede compararse
> Al beso de una doncella.

Sentado en la guarida del poeta, calentado por una antigua estufa alemana, bebiendo vino y escuchando grabaciones de

Chile, 1965

canciones populares chilenas interpretadas por su talentosa hermana, encontré el placer máximo de la ocasión cuando de repente leí el autorretrato más preciso en uno de los primeros poemas de Parra: «La nariz de un boxeador mulato / Sobre la boca de un ídolo azteca». No hay nada que pueda reemplazar el hecho de estar junto a semejante autor, pero con esta descripción que hace el poeta de sí mismo, tal vez el lector sentirá algo de lo que nosotros sentimos al estar en presencia del más extraordinario *chileno*.

El siguiente escritor con el que me familiaricé fue Luis Domínguez, cuyo entusiasmo por escribir sus propios cuentos en español es igual a su gran respeto por los autores estadounidenses, en particular Poe y Hemingway. La extraña calidad del primero y la lucidez del otro son totalmente evidentes en la colección de historias de Domínguez, titulada *El extravagante*. A pesar de que yo no hablara bien español y que eso en realidad fue una barrera, a partir de las primeras ideas que compartimos a través de Verónica Koch, una estudiante traductora y periodista, Luis y yo pasamos rápidamente a una fascinante discusión sobre técnicas literarias modernas, de su interés por escribir una película de arte y de su libro de cuentos que, según él, está centrado en el tema de la distancia entre los jóvenes y los viejos. Con todo lo que logramos comunicarnos a través de Verónica, igual pienso en lo que podría haber aprendido si hubiera conocido bien el lenguaje de este autor.

Fue después de mi conversación con Luis Domínguez que nuestro grupo de intercambio trasladó su base de operaciones a Valparaíso y Viña del Mar. Aquí nos acusaron de formar parte del Plan Camelot, un estudio sociológico del Departamento de Defensa de EE.UU. sobre la insurrección, que había sido ya desenmascarado y denunciado por los chilenos y que nos involucró en muchas discusiones acaloradas ya que éramos, a sus ojos, representantes del gobierno norteamericano. Al enfrentarme con acusaciones de este tipo —generalmente atacaba a Pablo Neruda por su romanticismo influenciado por Lorca—, el tema de la poesía era mi único escudo frente a una interminable discusión de política.

Ricardo Romo, nuestra estrella de atletismo de la Universidad de Texas, era el traductor del grupo en su conjunto y me mantenía de buen humor con su única pregunta para toda ocasión: «¿Pero rima?» Fue en Valparaíso que Ricardo verdaderamente me ayudó a sacudir el avispero. Aquí me preguntaron qué pensaba de la poesía chilena, y yo respondí contra-preguntando sobre los sentimientos de mi interrogador frente a la poesía estadounidense. Este político-poeta local respondió que sólo leía poesía en español, y al oír esto, lo enfrenté, a través de Ricardo, con la misma acusación que constantemente nos habían hecho: «¿Por qué no te interesas en nuestro país?» Me puse muy contento porque esta vez encontré a los chilenos con la guardia baja (nos habían puesto en situación de desventaja tantas veces que ya era enfermizo), y sobre todo en un punto que se relacionaba directamente con su propia política respecto a las relaciones internacionales. Sin embargo, como no era mi objetivo hostilizar a los chilenos a través de la poesía, dejé el resto a Tony Pate, nuestro principal mediador de problemas políticos, y terminé mi participación en el encuentro leyendo en mi entrecortado español uno de los poemas de Neruda, «Oda a Valparaíso». Sólo tiempo después descubrí que mi lectura había hecho un punto aún más fuerte contra los estudiantes reunidos allí para atacarnos. Muchos de los oyentes quedaron muy impresionados por el poema que hablaba de su ciudad y además creyeron que era de mí autoría. ¡No sólo sabían poco acerca de la poesía estadounidense, sino

Chile, 1965

que tampoco reconocieron una oda escrita por su célebre Pablo Neruda!

Viña del Mar, la ciudad hermana de Valparaíso, es un famoso centro turístico en el Pacífico, y para un grupo de tejanos cansados resultó ser un verdadero lugar de descanso. Allí en Viña pasé una semana entera en la casa de Patricio Garrido, un concertista de piano. Cada noche tocaba Beethoven, Bach y Chopin para alegría de mi corazón. Los estudiantes chilenos, que alojaban en la casa de Patricio, estaban tan absortos como yo, y aunque podían escuchar su música casi en todo momento, el placer de escuchar sus interpretaciones nunca parecía decaer. También me llamó la atención que se deleitaran con la arquitectura. Todo, el alojamiento y la compañía hicieron de mi estadía aquí lo más agradable del viaje.

La casa de Patricio, construida en lo alto de una colina conocida como Cerro Castillo, está rodeada por un alto muro (típico de la mayoría de los hogares chilenos), y en su interior tiene jardines uy bien cuidados. La casa vecina es un convento. Los estudiantes a menudo bromeaban con algún compañero, cuya habitación colindaba a la de alguna monja, preguntándole cómo estaba funcionando el agujero en la pared. Patricio, además de su amor por la música y la filosofía, también se entretenía con las vulgaridades, así que me hizo escribir muchos garabatos en inglés y después los repitió en voz alta para alegría extrema de todos los varones presentes. Una tarde encontramos un pingüino varado, pero bueno, esa es otra historia.

Esa semana en Viña significó un alivio muy necesario tras el ritmo agitado de Santiago (población de 2 millones y medio) y por primera vez sentí el deseo de tener una estancia mucho más larga en Chile ya que el mes programado estaba llegando rápidamente a su fin. Al regresar a la capital, recibí una invitación para viajar al norte y ver un paisaje muy diferente de lo que habíamos visto hasta ese momento. Con el permiso de nuestro profesor acompañante, me trepé el muro del Instituto a las cuatro de la mañana y me pasó a buscar la traductora de Domínguez y tres de sus amigas universitarias.

Viajar en auto a través de las montañas en el Citroën de Verónica fue un cambio bienvenido en más de un sentido, porque hasta ese momento yo sólo me había trasladado en autobús con el grupo, incapaz de ver gran parte del paisaje o de echar un vistazo más de cerca cuando veía algo que valía la pena investigar. También, fue un gran placer escapar de la ciudad. Todo esto fue posible gracias al transporte privado, y nuestra primera parada fue en una playa de obsidiana negra. Esa y la siguiente noche nos quedamos en una residencial en La Serena. La señora que dirigía la casa-hotel estaba muy confundida con todos mis ademanes y asentimientos. Los chilenos me habían advertido de no hablar en inglés para que no nos cobraran tanto dinero. Si se daba cuenta que yo era gringo lo más seguro era que pensara que yo era también rico.

La primera mañana nos despertamos con cantos de gallos y campanadas de la iglesia, toda la nación estaba celebrando las Fiestas Patrias, el 18 de septiembre. Conduciendo hacia el interior llegamos a Vicuña, la ciudad donde nació Gabriela Mistral y no lejos de Monte Grande donde ahora está enterrada. Allí visitamos un museo que alberga muchos de sus manuscritos, fotografías, declaraciones de críticos literarios y firmas de turistas como nosotros que han dejado sus nombres en el libro de visitas. Gabriela Mistral pasó sus primeros años en el valle de Elqui, conocido básicamente por su *pisco* (una suerte de brandy de uvas) enseñando como maestra. *Desolación,* de 1923, el primer volumen de poemas

Chile, 1965

de Mistral, fue publicado en los Estados Unidos, y en 1945 ella ganó el Premio Nobel de Literatura. Tanto la poesía de Mistral como el *pisco* son un consuelo para esta gente cuyo trabajo es fuerte y muy duro, y que rara vez saborean algún placer en la vida más allá de un trago de alcohol y del orgullo que sienten al saber cómo Gabriela vivió y escribió con tanta belleza entre ellos.

De hecho, Gabriela Mistral era una poetisa de su propia tierra, cálida sólo como una mujer puede ser. Verla en las fotos que cubren las paredes del museo es lamentar no haberla conocido en las calles de su amada Vicuña. De no haber escrito nunca un solo gran poema, la luz de sus ojos habría sido la poesía suficiente para llenar la vida de alguien con un fuego vivo. Sin embargo, caminar por sus calles y ser testigos de la vida de la gente de Vicuña todavía refleja su presencia desde el pasado. Pronto, no obstante, otra generación, que no reconocerá su rostro, suplantará a quienes sí conocieron su resplandor personal. Qué bueno es, entonces, que ella haya dejado en su lugar otra forma brillante: la poesía, en la que ellos y el mundo siempre pueden reconfortarse y encontrar una chispa de inspiración renovadora.

Para mí el viaje tuvo su final perfecto cuando Verónica estampó su nombre en el libro de visitas del museo y añadió una línea en español: «Gabriela, ahora te entiendo mejor». En un mes no se descubrirá un país, especialmente si el visitante no puede hablar el idioma. Sin embargo, a través de los poetas y amigos que abrieron sus corazones y nos dieron la bienvenida en sus hogares, puedo decir con gratitud, Chile, te entiendo mejor de lo que creí posible al llegar al aeropuerto de Santiago. Y aunque todavía estoy dolorosamente consciente de todo lo que me perdí y mal entendí al no conocer tu lengua, lo que sí has logrado decirme me demuestra que estás siempre dispuesto a compartir tus mejores momentos con aquellos que los buscan en tu vida y en tus letras. *Hasta luego.*

TRADUCCIÓN DE JÉSSICA MARALLA

Visitas con Nicanor Parra

Cuando regresé a Chile en 1966, Parra estaba enseñando en la universidad estatal de Louisiana (EE.UU.), en la ciudad de Baton Rouge, así es que no tuve la oportunidad de verlo entonces, y por alguna razón, al parecer, no intenté tampoco buscarlo en mis viajes a Chile en 1971 y 1977[2]. Mi visita de 1991 fue justo después de que el antipoeta recibió el codiciado Premio Juan Rulfo otorgado por el gobierno mexicano. La anotación en mi bitácora sobre esa visita de 1991 comienza recordando la importancia que Nicanor Parra le otorgó a las obras de Shakespeare en su poema-discurso de aceptación del premio Juan Rulfo. En 1998, después de mi primera visita a la casa de Parra en Las Cruces, traduje un poema-discurso que el antipoeta pronunció en 1997 en memoria de su amigo Luis Oyarzún. Ambos poemas-discursos, el de Rulfo y el dedicado a Oyarzún, más tarde formarían parte del volumen de Parra titulado *Discursos de sobremesa*, publicado en el año 2006. En 2009, Host Publications de

---

[2] «Visitas con Nicanor Parra», fragmento de *Harbingers of Books to Come: A Texan's Literary Life* (San Antonio, Texas: Wings Press, 2009), 209-214.

Texas publicó mi traducción de los cinco discursos antipoéticos de Parra, bajo el título *After-Dinner Declarations*.

Después del registro de los comentarios de Parra sobre el premio Rulfo, las anotaciones en mi bitácora del 19 de agosto de 1991 describen su casa en La Reina. Al notar la diferencia entre la casa de Parra y las casas de Pablo Neruda en Isla Negra y en el barrio Bellavista de Santiago, que había visitado unos diez días antes, escribí que el antipoeta estaba obviamente despreocupado por la apariencia de su casa. Desde el exterior la casa parecía deshabitada: las ventanas tenían vidrios quebrados; había ramas de eucalipto secas apoyadas contra las paredes; y la madera de las tres edificaciones que componían la residencia estaba polvorienta y clamaba por una mano de pintura. En el interior, las habitaciones no seguían un diseño consciente, no había intención de organizar objetos o muebles o de decorar las paredes para impresionar al visitante. Todo esto contrastaba dramáticamente con la casa del premio Nobel Pablo Neruda en Isla Negra, en la que yo había visto una exposición de objetos exquisitos, obras de arte, colecciones de conchas marinas, botellas, instrumentos musicales y figuras talladas de naves. En la casa de Parra, los números estaban escritos en color blanco en la pared junto al teléfono; y en el edificio de dos pisos, donde el antipoeta escribía (sobre todo en un balcón mirando hacia Santiago), los libros estaban apilados de manera desordenada, revueltos y llenándose de polvo.

Cuando entramos al primer piso del estudio de Parra, él sacó y desempolvó de una caja un ejemplar de tapa dura de su *Obra gruesa*, con la dedicatoria en su interior «A Dave Oliphant / 25 años después / Gracias Dave / Nicanor Parra 91», y me lo entregó sin más ceremonias. En varias estanterías había cintas magnéticas dispersas junto a cuadernos manuscritos y algunos de ellos estaban también encima de una silla para estudiantes, del tipo con escritorio adosado. En el segundo piso, había manuscritos en todos los alféizares de las ventanas. Para llegar arriba subimos por una escalera circular construida como en un barco. Para pisar los estrechos escalones uno tenía que comenzar con el pie derecho y así tener espacio suficiente para el siguiente paso. Para bajar se comenzaba con el pie izquierdo y así volvimos al primer piso. No pude evitar recordar el poema de Parra «La montaña rusa» en *Versos de Salón* en el que declara: «Suban, si les parece. / Claro que yo no respondo si bajan / Echando sangre por boca y narices».

En otra construcción, al lado de la de dos pisos, cenamos, mirando por una ventana al patio, donde la ropa lavada estaba tendida secándose. Frente a nosotros en un terreno más alto, incrustado con las rocas lisas y redondeadas de Chile, gansos blancos se engalanaban y sacudían sus plumas en el polvo. Servidos por una empleada doméstica, nos sentamos en una mesa de comedor, con la cocina hacia a la derecha y una puerta de cristal a la izquierda, la que supuse conducía a los dormitorios. Una tercera construcción era tal vez la casa de los hijos adolescentes de Parra. Mientras cenábamos, entró justamente la hija, Colombina, bastante atractiva, ligeramente más alta, más delgada y de pelo más claro que la mayoría de las mujeres chilenas. Luego de que su padre me la presentó, Colombina respondió a mi pregunta acaso ella estaba en la secundaria o en la universidad diciendo que estaba estudiando rock y jazz en una escuela de música.

Mientras yo aún comía, Parra habló por teléfono con dos interlocutores diferentes; el primero parecía ser un viejo amigo, al que tuvo que dar una conferencia sobre el significado de la antipoesía. Al parecer, la persona que llamó había escrito un artículo al que Parra se opuso, ya que sugería que el antipoeta simplemente escribía prosa más que poesía. Parra trató de explicarle a su interlocutor cuán importante fue recibir el Premio Juan Rulfo al dejar en claro que el movimiento más influyente en la poesía latinoamericana se basaba en sus propios antipoemas. También citó el interés en su trabajo de un grupo que buscaba proponer su nombre para el Premio Nobel, y mencionó a miembros del comité del Premio Rulfo, en particular John Brushwood de los EE.UU., y Claude Fell de Francia, quien, dijo, entendió la antipoesía mejor que los otros. También se refirió a los esfuerzos del escritor peruano Julio Ortega por conseguirle un grado honorífico. Me pareció muy extraño que a estas alturas Parra tuviera que explicarle a un amigo (si es que la persona en el teléfono de verdad lo era) el significado de su obra.

Antes de la primera llamada telefónica, Parra me había hablado de su interés por Shakespeare. Más tarde, me mostró su discurso de aceptación del Premio Rulfo y afirmó que no podría haberlo escrito —queriendo decir, asumo, así de bien— sin Shakespeare, y añadió la expresión «ando en buen caballo». Cuando me tocó traducir ese poema-discurso de aceptación, descubrí en la sección XXII de *Mai mai peñi* que en realidad Parra también había encontrado paralelismos entre el *Hamlet* de Shakespeare y *Pedro Páramo* de Rulfo: «Hay fantasmas y espectros en ambos casos / en ambos casos corre mucha sangre / sí señor / hijos que se rebelan contra sus progenitores».

Mi visita a Parra en agosto de 2001 fue con motivo de mi participación en el Ciclo Homenaje, una celebración de la vida y obra del antipoeta, patrocinado por la Universidad de Chile y el Ministerio de Educación. Dos amigos, Francisco Véjar y Kuki García, me habían llevado en 1998 a Las Cruces para ver a Parra, y el 9 de agosto de 2001 me llevaban a La Reina. Atravesando por un pórtico sobre el que los sauces llorones colgaban sus largas y delgadas ramas, había adoquines alineando los acantilados de la calle y también servían de soporte a las pendientes pronunciadas de la *parcela* de *Parra*. Al llegar a la cima donde está su casa, encontramos dos o tres autos ya estacionados afuera. Un perro grande de color marrón rojizo estaba esperando cuando llegamos, y ansioso por ser acariciado, saltó sobre mí cuando salí del coche. Otro perro, negro con un hocico blanco, apenas podía caminar; Parra nos contó más tarde que tenía el equivalente a unos noventa años humanos. El poeta, que en ese momento tenía ochenta y siete años, había salido de la casa para recibirnos junto con dos adolescentes que acababan de llegar. Parra había conocido a las muchachas en el homenaje y les había dado su número de teléfono, y ellas, como nosotros, habían telefoneado para preguntarle si podían hacerle una visita.

Al saludarnos, Parra me lanzó de inmediato algunas líneas de *Hamlet*, a las que él mismo respondió ya que yo no me sabía la obra de memoria. Más tarde descubrí que dichos versos eran del Acto 5, escena 2, tal como lo decía Osric: «Your lordship is right welcome back to Denmark» [traducción de Inarco Celenio 1798: «En hora feliz haya regresado su alteza a Dinamarca»]. La respuesta de Hamlet, que yo debía dar, era simplemente, «I humbly thank you, sir» [«Muchas gracias, caballero»], pero volviéndose a Horacio, Hamlet le pregunta, «Dost know this wáter-fly?» [«¿Conoces a este moscón?»]. Al citar la línea de Horacio, Parra mostró estar obviamente encantado con la palabra «wáter-fly», ya que la repitió varias veces.

Liderando el camino, el antipoeta nos dijo que entraríamos por lo que alguna vez había sido una ventana y que ahora era lo que él característicamente llamaba «la antipuerta». En el interior, reconocí la mesa redonda donde, en mi visita de 1991, Parra y yo habíamos comido algo. La misma mesa estaba ahora preparada con platos de queso, jamón, pan y tazas para el té, pero a todos nos pidieron sentarnos en sillas y sofás en lo que Parra llamó su «rincón recuperado». Había estado viviendo en la playa de Las Cruces mientras que su hijo Juan de Dios y su nieta Josefa se habían apoderado de la casa de La Reina. Parra había regresado a Santiago para su cirugía de próstata, y aunque le encantaba la playa, dijo que no podía vivir sin Josefa, que tenía, creo yo, dos años y medio. Junto con el homenaje, había por ese entonces en la compañía telefónica española de Chile una exposición de *Artefactos* de Parra, donde se incluía uno titulado «Los poemas del agua de la niña Josefa»: «1 El agua se baña en el mar / 2 El agua flota / 3 Debajo del agua hay más agua».

El poeta explicó las reglas de Josefa: no acercarse demasiado; absolutamente nada de besos. Contó que había cometido el grave error de besarla cuando él llegó por primera vez desde Las Cruces y que ella había tenido un ataque de llanto. Después de haber aprendido esa importante lección, ahora él mantenía su distancia y le permitía acercarse sólo cuando ella quería. Parra comentó que a Josefa le gustaba el vino y que después de que él metía el dedo en un vaso y lo pegaba en la boca de la niña ella decía «más». Nos mostró este ritual y ella respondió tal como él había dicho que lo haría, para nuestro deleite y sobre todo para el suyo. Con sus ojos grandes y voz de bebé Josefa cautivó a su audiencia. En otro *artefacto*, exhibido en la exposición, Parra se apropió de un poema de la poetisa chilena María Monvel, cuyo nombre lleva una calle en el vecindario donde está su propiedad. El antipoeta convirtió el poema de Monvel en el suyo cambiando el título de «Mi hija juega en el jardín» a «Mi nieta juega en el jardín».

Parra habló extensamente sobre la importancia de reinsertarse en la vida familiar después de haber vivido solo durante siete años en Las Cruces, con sirvientas solamente para ayudarlo con las comidas y la limpieza. Esa tarde, una empleada sirvió té al grupo, mientras que el antipoeta citaba a Nietzsche sobre la sabiduría hindú, con respecto a las cuatro etapas de la vida humana o del ser superior. La primera etapa es la introducción al mundo como un niño; el segundo, llamado *Galán,* tiene que ver con formar una familia; la tercera se llama *Anacoreta,* cuando se vive al margen de la humanidad y de uno mismo y se dedica a la contemplación; la cuarta es cuando se alcanza el Nirvana y se escapa del mundo y se entra en un estado de felicidad (o al menos esto parecía ser la idea de esta etapa final, cuyo nombre me perdí, al igual que el nombre de la primera etapa). En la tercera etapa, Parra dijo que un hombre debería retirarse del mundo a los cuarenta años, pero que él sólo había descubierto la idea alrededor de los ochenta. Había practicado la etapa de anacoreta en Las Cruces, pero ahora consideraba que necesitaba a su familia alrededor, sobre todo a Josefa.

Tololo, nieto de Parra, tenía cerca de trece años, y se había quejado de que su abuelo lo había dejado de lado por Josefa. Pero Parra le dijo a Tololo que era él quien ya lo había apartado. El antipoeta contó una historia que Francisco, Kuki y yo le oímos en Las Cruces, en 1998, que Tololo no respondía a la lista en la escuela porque dijo que su nombre no era Tololo sino Hamlet. Un día, cuando Parra lo llamó Hamlet, no respondió, y cuando el poeta le preguntó por qué, le respondió que no era Hamlet sino Laertes. Las primeras palabras de Tololo, dijo Parra, habían sido tres sonidos aparentemente ininteligibles, el último algo así como dooks. Cuando Parra le preguntó a Tololo años después lo que significaba ese sonido, él dijo que se refería a los duques de Cornwall y Albany. Parra había estado en el proceso de traducción de *Rey Lear*, y su nieto lo había oído decir en voz alta ciertas líneas de la obra.

Repetidamente en la conversación, Parra volvió a *Hamlet* como el epítome del pensamiento occidental. Consideró que era la obra esencial para todos los estudiantes y dijo que debían aprender de memoria no sólo los soliloquios sino los diálogos, que él mismo parecía manejar enteramente de memoria. En el Acto I, escena 1, Francisco le dice a Bernardo: «You come most carefully upon your hour» [«Llegas con mucho cuidado a tu hora»]. Parra entendió la palabra inglesa «carefully» como una forma diplomática en la que un soldado de rango inferior reprende a un oficial por haber llegado tarde. Dijo que había pensado largo y tendido en la palabra, y era evidente que lo había hecho igual con cada palabra en la obra. Una vez recitó una línea y colocó su mano en un lado de su cara y abrió su boca como si estuviera asombrado por la dicción de Shakespeare. Anteriormente, en 1998, yo lo había visto reaccionar de la misma manera a las líneas en el acto 3, escena 1, cuando Polonio dice: «Tis too much prov'd —that with devotion's visage/ And pious action we do [sugar] o'er / The devil himself» [«¡Cuántas veces con el semblante de la devoción y la apariencia de acciones piadosas, engañamos al diablo mismo!»]. Parra había repetido varias veces «sugar o'er», siempre con una mirada de asombro.

Al discutir los juegos de palabras y las bromas de Shakespeare, Parra relacionó su propio juego de palabras con el del Bardo, lo que para mí era bastante evidente. Pero cuando mencionó sus «Bromas de la Biblia», que incluían «En el principio era el Verbo, el Verbo estaba con Dios y el

Verbo era Dios», de Juan 1, no pude entender la broma y le pregunté cuál era. Él respondió que no había nada que fuera menos broma que el pasaje de Juan, de modo que era una anti-broma, lo que para mí era completamente otro nivel del anti-concepto en sus escrituras. Esto me recordó uno de sus *artefactos* donde se reproduce un pasaje del Acto II, escena 1, donde Hamlet insiste en que Horacio y los guardias juren no revelar que habían visto el fantasma, y después dice: «The time is out of joint; — / O cursed spite, / That ever I was born to set it right» [«La naturaleza está en desorden ... ¡Iniquidad execrable! ¡Oh! ¡Nunca yo hubiera nacido para castigarla!»]. En cada sentido —religioso, político, social, ecológico—, Parra se ha propuesto también poner las cosas en orden. Y lo hace tomando una posición que es irónicamente lo contrario de lo que uno espera oír, de modo que cuando dice que está haciendo un chiste sobre la Biblia, el burlado soy yo como lector porque pienso que es posible hacer una broma sobre la Biblia, cuando en realidad el antipoeta me está mostrando que no comprendo, que es una anti-broma.

En la exposición *Artefactos*, Parra presentó dos reglas de comportamiento para los estudiantes, uno desde el punto de vista del profesor que dice que no se permite el bostezo, mientras que el anti-profesor declara que el bostezo en clase es esencial, incluso obligatorio. Esto confirma que a menudo Parra presenta los dos ángulos de cualquier tema, o incluso a veces, declara una cosa y luego sigue con otra que cambia completamente la idea original. Otro *artefacto* se titula «Los 4 Grandes» y yo sólo me di cuenta de que no entendí la broma durante nuestra conversación sobre Shakespeare. Tras sugerir que ningún poeta más que el Bardo había usado chistes en su poesía hasta ahora que lo hacía el mismo Parra, el antipoeta me contradijo inmediatamente, diciendo que Vicente Huidobro lo había hecho, y citó el ejemplo de su predecesor quien declara en el prefacio de su *Altazor*, que de los cuatro puntos cardinales hay tres, pero luego enumera sólo dos: Sur y Norte. Con esto en mente me fijé que Parra había hecho el mismo tipo de ejercicio en su *artefacto* de «Los 4 Grandes». Cuando regresé a la exposición al día siguiente, descubrí que no me había dado cuenta que él había hecho dos versiones de «Los 4 Grandes», y que además yo apenas había visto la mitad de los artefactos porque la noche de apertura de la muestra había demasiada gente. Una versión se titulaba «Homenaje a Huidobro», pero en ambas versiones de los artefactos Parra indica que hay cuatro grandes de la poesía chilena (y uno esperaría que sean Huidobro, Mistral, Neruda, y Parra), pero al igual que Huidobro dice que hay tres, y luego sólo enumera dos: Rubén Darío y Alonso de Ercilla. Parte de la «broma» es que ninguno de los poetas nombrados es chileno. Darío fue un nicaragüense que publicó *Azul*, su primer libro de poemas, en Chile, y Ercilla fue un español que llegó con los conquistadores y escribió su poema épico *La araucana* sobre el heroísmo de los indígenas chilenos.

Al hablar de la filosofía hindú, Parra había señalado que en la tercera etapa se podría renunciar a cualquier interés en la fama. En ese momento yo agregué que el poeta inglés John Milton establece en su poema «Lycidas» que la fama es «that last infirmity of Noble mind» [«esa última enfermedad del alma noble»]. Parra se puso pensativo al escuchar, seguramente repasando y analizando cada palabra en su cabeza. Yo había traducido las palabras al español y quise citar las originales en inglés, pero fui incapaz de hacerlo ya que la conversación giró a otro tema. La mente de Parra de ochenta y siete años era tan rápida que un pensamiento lo llevaba inmediatamente a otro, pero siempre con alguna conexión lógica. Muy seguido recordaba una palabra o frase de

Hamlet, y esto lo conducía a una nueva línea de pensamiento que de alguna manera remataba en algo que él ya había dicho antes. Recitó la línea de Polonio que dice, «la brevedad es el alma del ingenio», un tipo de broma que refiere a que Polonio es tan locuaz que la reina incluso lo interrumpe para pedir «More matter, with less art» [«Más substancia, con menos astucia»].

A partir de citas como ésta, Parra planteará sus teorías sobre la poesía, especialmente su idea de que el lenguaje de la poesía debe pertenecer al habla cotidiana común, donde no hay metáforas. Cuando le comenté que el poeta norteamericano William Carlos Williams había escrito un poema titulado «Breakfast» [«Desayuno»] que dice, «Twenty sparrows / on // a scattered / turd: // Share and share / alike» [«Veinte gorriones / encima de // una mierda / esparcida: // Comparten en común»], se opuso a mi idea de que éste era similar a su propio poema «Moscas en la mierda». Me dijo que las aves son una metáfora en el poema de Williams, mientras que las moscas en el suyo eran sólo eso, moscas. Luego afirmó que Williams sí *había* escrito un poema en un lenguaje normal, de todos los días, y procedió a recitar el famoso «This Is Just to Say» [«Esto es solo para decir»] de Williams:

> I have eaten
> the plums
> that were in
> the icebox
>
> and which
> you were probably
> saving
> for breakfast.
>
> Forgive me
> they were delicious

so sweet
and so cold.

[Me comí
las ciruelas
que estaban en
la nevera

y que tú
probablemente
estabas guardando
para el desayuno.

Perdóname
estaban deliciosas
tan dulces
y tan heladas.]

 Como de costumbre, quedé sorprendido por el amplio bagaje de Parra y por su memoria prodigiosa para la poesía, especialmente con la de Shakespeare y Williams, en mi propio idioma, el inglés. Además, el antipoeta tenía toda la razón; el poema «Esto es sólo para decir» de Williams no contiene ninguna metáfora.

   Traducción de Jéssica Maralla

Un tejano descubre la antipoesía de Parra y la trata de traducir

Esta ocasión tan espléndida representa para mí una especie de retorno al palomar después de treinta y seis años desde que aterrizó el avión que me trajo por primera vez a Chile[3]. Eso fue justamente en agosto de 1965, cuando vine a Santiago como miembro de un grupo estudiantil. Por lo que me pareció en ese entonces pura casualidad pero que ahora sé que fue parte de mi destino, leí, antes de venirme, una selección de antipoemas de Nicanor Parra traducidos por el poeta norteamericano Miller Williams. En ese momento, cuando descubrí el universo parriano, yo estaba sentado en la biblioteca de la Universidad de Tejas y el medio que me permitió hacer tal descubrimiento —que cambió mi vida entera— fue una revista llamada *Motive*, publicada por la Iglesia Metodista. El hecho de que haya estado leyendo una revista religiosa contiene una ironía puramente parriana, ya

---

[3] «Un tejano descubre la poesía de Parra y la trata de traducir», *Ciclo Homenaje en torno a la figura y obra de Nicanor Parra* (Santiago, Chile: Ministerio de Educación, 2002), 193-197. El Ministerio cambió en el título original la palabra antipoesía por poesía.

que esos antipoemas suyos eran típicamente irreverentes. Tal irreverencia antes que cualquiera ideología, sistema, actividad o creencia me atrajo de inmediato y sigue siendo para mí una de las delicias de la antipoesía. Otras de sus características atrayentes incluyen la tendencia a ser chistoso en serio, erudito sin pretensiones, y estimulante como el tábano de Sócrates. Además de esto, como el mismo don Nicanor ha dicho de su gran Shakespeare, a quien ha sabido traducir con tanta certeza, la antipoesía puede relatar la verdad sin tomar ni un lado ni el otro.

Cuando llegué al antiguo aeropuerto de Los Cerrillos, yo conocía, fuera de un puñado de poemas del antipoeta, solamente un poco de las obras de otros tres poetas chilenos. Aunque no creo que hubiera leído la poesía de Gabriela Mistral, yo sé que había encontrado un trozo de prosa en que ella habla de la literatura como una moneda corriente que se reconoce en cualquier país y que se acepta siempre como válida. Claro que para muchos lectores es necesaria una traducción para convertir la riqueza del pensamiento y del lenguaje literario en las palabras que serán valiosas para aquellos que no entienden el idioma original en que la prosa y la poesía fueron escritas. En mi caso, cuando fui elegido para el programa de intercambio habían pasado casi diez años desde que había estudiado español en la escuela secundaria. Desde ese tiempo no había usado el idioma y consecuentemente había perdido lo poco que había aprendido. Pero tan pronto me informaron que vendría a Chile, asistí a una clase de español por unas seis semanas, y fue en esa clase que leí el trozo en prosa de Mistral. Y no obstante mi bien limitado español, pude leer, gracias a las traducciones de Miller Williams, los antipoemas de Parra que encontré en la revista *Motive*. Quizás yo hubiese entendido un poco si la revista hubiera publicado los antipoemas solamente en español, pero sospecho que no podría haber comprendido ni el humor ni la irreverencia ni aún la claridad y la manera de dar en el blanco que son algunas de las cualidades del mundo antipoético. Sin embargo, aun en traducción, experimenté por primera vez la sorpresa y el regocijo que todavía siento cuando me encuentro con la obra parriana y sus títulos tan ingeniosos. Como observó Emir Rodríguez Monegal en 1963 acerca de *Poemas y antipoemas*, este título fue elegido «con increíble acierto», aunque al principio el autor iba a titular ese libro *Oxford 1950*. Una lista truncada de títulos ingeniosos e irónicos tendría que incluir *Versos de salón*, *Sermones y prédicas del Cristo de Elqui*, *Chistes para desorientar a la policía* y *Hojas de Parra*. Yo he traducido algunos poemas de todos estos volúmenes, con un placer tremendo, pero también con temor, y aun con errores de que me di cuenta sólo —como siempre le pasa al traductor— cuando las traducciones ya habían sido impresas.

Cuando llegué a Chile en 1965, Parra había publicado por lo menos cuatro libros: *Cancionero sin nombre* (1937), *Poemas y antipoemas* (1954), *La cueca larga* (1958) y *Versos de salón* (1962). Aunque una colección titulada *Antipoems*, traducida al inglés por Jorge Elliott, había aparecido en 1960, de la editorial City Lights en California, yo desconocía esa publicación. Miller Williams estaba recién preparando su edición en inglés de los *Poemas y antipoemas*, que incluiría selecciones de ese mismo libro pero también de *Versos de salón*, *Canciones rusas* y un grupo de poemas bajo el título *Ejercicios respiratorios*. Así que los únicos poemas de Parra que yo había leído antes de llegar a Santiago fueron los cuatro que aparecieron en *Motive*: «San Antonio» y «Preguntas a la hora del té» de *Poemas y antipoemas* y «La poesía terminó conmigo» y «Pido que se levante la sesión» de *Versos de salón*. Sin embargo, con sólo esos cuatro poemas, quedé convencido que aquí había un verdadero nuevo mundo de la poesía. Entonces la primera pregunta que traté de hacer en mi casi inexistente español fue ¿dónde puedo encontrar un libro de poemas de Nicanor Parra?

Nos alojamos en un pensionado del Pedagógico —o Piedragógico como llama nuestro homenajeado en su «Aunque no vengo preparrado»—. Desgraciadamente, la mayoría de los alumnos en el pensionado no reconocían el nombre del antipoeta, a pesar de que casi todos me dijeron que ellos mismos escribían poesías y querían que yo las leyera. Pero dentro de ese grupo de alumnos chilenos hubo uno por lo menos que pudo informarme que la edición del último libro de Parra, *Versos de salón*, estaba agotada y que sus otros libros tampoco estaban disponibles. Felizmente y por suerte, o nuevamente el destino, una alumna de nuestro grupo tejano sabía que yo había expresado el anhelo de conocer a Parra y ella contactó a un conocido que dijo que él podría arreglar una reunión con el antipoeta. No me acuerdo de quién era esa persona, pero le quedo en deuda por haber hecho posible mi visita a la casa de Don Nicanor en La Reina. También, por supuesto, estoy eternamente agradecido a Don Nicanor por haberme hecho sentir bienvenido. Fue allá en su casa que el antipoeta me contestó una pregunta que le hice respecto al por qué los críticos del día pensaban que él estaba destruyendo la poesía cuando yo opinaba que solamente su antipoesía representaba algo nuevo y sumamente creativo. Don Nicanor dijo algo que ha dicho varias veces en entrevistas desde ese entonces y probablemente lo había dicho varias veces antes de que yo se lo preguntara. Él declaró que esos críticos todavía querían perpetuar la famosa belleza y sus miles de adjetivos.

Durante mi visita, Don Nicanor me mostró un ejemplar de su libro *La cueca larga*. Sin duda que no debo haber entendido mucho, al igual que Rodríguez Monegal, quien dijo en 1963 que la primera vez que leyó ese libro «casi no tenía sentido» para él. En todo caso, unas estrofas de un poema de *La cueca larga*, titulado «Coplas del vino», fueron las primeras que yo traté de traducir del español, y mis traducciónes aparecieron en un suplemento del periódico de la Universidad cuando volvimos a Tejas. Leyendo recientemente ese primer ensayo como traductor de la poesía chilena me sorprendió la fidelidad con que interpreté los versos de las tres estrofas que traduje.

> El pobre toma su trago
> Para compensar las deudas
> Que no se pueden pagar
> Con lágrimas ni con huelgas.
>
> El ciego con una copa
> Ve chispas y ve centellas
> Y el cojo de nacimiento
> Se pone a bailar la cueca.
>
> El vino cuando se bebe
> Con inspiración sincera
> Sólo puede compararse
> Al beso de una doncella

[Después, en 1972, traduje once estrofas de «La cueca larga», incluyendo estas:

> La Rosita Martínez
> Números nones
> Se sacó los botines
> Quedó en calzones.
>
> Y Gloria Astudillo
> Por no ser menos
> Se sacó los fundillos
> Y el sostén-senos.

Lo que me gustó mucho fue el hecho que pude mantener en mi traducción la rima de las estrofas de Parra, que después en 1972 incluí en mi antología de poesía chilena publicada en un número especial de la revista *Road Apple Review*.]

Aunque yo bebí por primera vez varias copas de vino chileno, estoy seguro de que no fue eso lo que me inspiró a traducir las estupendas estrofas de «Coplas del vino». Puede que me hayan motivado las referencias al pobre, a la cueca, a las huelgas y bueno, al vino. Todas estas imágenes, y esas también del cojo y de la doncella, formaron parte de mi experiencia en Chile. Había visto los cojos mendigando en las calles, y antes de venir a Chile había leído en el antipoema «San Antonio» del eremita «en un rincón de la capilla» con «sus pies rotos de la lluvia». También había escuchado de las huelgas en el Pedagógico y en las minas de cobre que visitamos con el grupo de tejanos. Y desde luego, yo había visto a las lolas chilenas tan bellas, aunque no en ese viaje a mi adorada María Isabel con quien en diciembre celebraremos nuestros treinta y cinco años de matrimonio. Entonces, parte de la realidad chilena, como la había descubierto, estaba condensada en eses tres estrofas de «Coplas del vino». Otra cosa que supongo que me debe haber llamado la atención es que «Coplas del vino» contiene simultáneamente un aspecto de crítica social, así como un elogio a la habilidad de los personajes de bailar y ver centellas a pesar de sus desventajas.

Otro del trio de poetas chilenos de quien yo algo sabía cuando llegué en 1965 era Óscar Hahn, quien había participado como yo en el mismo intercambio entre las Universidades de Chile y de Tejas. Hahn había viajado a mi estado dos años antes que yo viniera a Chile, y cuando fui entrevistado por el director del programa de intercambio, él me mostró un ejemplar del primer libro de Hahn, su

Esta rosa negra. Unos años después, en 1969, yo traduciría un soneto, «Gladiolos junto al mar», del segundo libro de Hahn, su *Agua final*. Otro chileno, el poeta y crítico Carlos Cortínez, me había pedido la traducción de ese soneto y la publicó en un número de *Micromegas*, una revista de la Universidad de Iowa, de cuya facultad Hahn ahora forma parte. En ese mismo número de *Micromegas* dedicado a la poesía chilena, Cortínez incluyó mi traducción del antipoema «Un hombre», que es una narrativa absurdista, en un lenguaje coloquial que trata de las ocurrencias del mundo cotidiano y urbano, y se distingue como la obra del antipoeta por su tono prosaico y su argumento kafkiano. La diferencia entre estos dos poemas de Hahn y Parra es instructiva.

En el caso del soneto de Hahn, el traductor se enfrenta con la dificultad de mantener la rima y de reproducir fielmente las imágenes de la relación entre las olas y los gladiolos. Muchos traductores rechazan el uso de rima al verter un soneto a otro idioma, y me han criticado por haber tratado de mantener en inglés la rima de unos sonetos que he traducido de Enrique Lihn. Pero para mí un soneto sin los versos rimados pierde demasiado como poema, es decir, su forma y su música. Ahora, con respecto al antipoema de Parra, el desafío es otro. Aquí tenemos lo que yo llamaría una alegoría de la vida contemporánea, una historia universal del hombre en el mundo moderno, simbolizado por el auto y el teléfono —el último, según el antipoeta, «su peor enemigo», como dice en «Lo que el difunto dijo de sí mismo»—. A lo mejor el más difícil aspecto de traducir la antipoesía sea el tono de voz del narrador, que es al mismo tiempo directo, irónico y patético. También el tono puede cambiar tan súbitamente, como por ejemplo en «Un hombre» cuando en un momento el personaje baila con una muchacha joven y en el próximo hay un accidente y ella «ha perdido el conocimiento». O el tono puede brincar de la alegría a la desdicha de una estrofa a otra, como en el poema titulado «¡Socorro!» donde el hablante dice que «Yo corría feliz y contento … Cuando de pronto zas un tropezón / Y no sé qué pasó con el jardín / El panorama cambió totalmente: / Estoy sangrando por boca y narices». Es bien difícil aproximar en inglés el sonido del lenguaje de Parra, el cual es musical (por ejemplo, en «¡Socorro!» se notan las zetas y las eses) en un sentido diferente que el de Hahn con su métrica y su rima. Parte de la música de la antipoesía consiste en el manejo impecable de modismos chilenos y del habla de todos los días, pero al servicio de una crítica social, religiosa y/o política. Aunque esta música es tan natural, puede contener al mismo tiempo sentido del humor, complejidad y perspicacia. En comparación con otras traducciones, las mías tienden a utilizar más la asonancia para reflejar la musicalidad del lenguaje parriano. Y no creo que haya violentado al original al emplear tal asonancia, dado que existe en los renglones del antipoeta. Por ejemplo, en «Un hombre» el sonido del título se repite en las palabras «donde» y «come», igual que hay aliteración en el título de su poema «No creo en la vía violenta» y en una frase del Cristo del Elqui donde ofrece «unos poquitos consejos de carácter prácticos». Siempre, entonces, he tratado de capturar en mis traducciones estos sonidos tan sutilmente musicales y humorísticos.

    Antes de salir de Tejas en agosto de 1965, también sabía algo de la obra de Pablo Neruda por las traducciones de Ben Belitt. El gran vate no estaba en Chile durante ese período, pero en todo caso no me interesé tanto en conocerlo ni en leer su poesía. Tal vez esto se hubiera debido a mi falta de comprensión de su lenguaje, para mí un tanto exótico, repleto de imágenes de una naturaleza con la que no podía identificarme. Por lo general, Tejas es una región sin mucha vegetación, comparada con el sur de Chile de donde Neruda extrajo sus imágenes de un verdor profuso. Mientras tanto, Parra raramente, si alguna vez, describe un nuevo mundo de plantas tropicales o de flora y fauna oceánica. De hecho, en «Los vicios del mundo moderno» el antipoeta incluye entre esos vicios «la locura del mar». Cuando descubrí la antipoesía parriana yo pude apreciar inmediatamente un lenguaje que me habló directo, sin simbolismo ni surrealismo que en ese entonces yo rechazaba como inútiles. Es cierto que Parra es capaz de crear imágenes surrealistas y que Neruda podía hacer versos como símbolos escurridizos. De todos modos, debo confesar que para el mismo número de *Micromegas* también yo había traducido con gran placer dos poemas de Neruda, su soneto de amor XII y su «Datos para la ola de marea del 25 de julio», y en los años venideros traduje unas de sus odas, como la «Oda a la naranja» y la «Oda al caldillo de congrio»[4]. Sin embargo, fue la antipoesía de Parra la que preferí en ese entonces y que ha seguido atrayéndome como lector y traductor. Estos dos poetas chilenos comparten con los lectores sus imaginaciones ilimitadas, pero para mí la de Parra es más característica del mundo en que yo vivo. En el nuevo mundo de la antipoesía yo encuentro toda la hipocresía, el absurdo, la comedia humana, la burocracia, la burguesía y la reacción de un narrador quien manifiesta que no es ni «derechista ni izquierdista», que «simplemente romp[e] los moldes», y quien anuncia que «No creemos en ninfas

---

4   En el caso de «Datos para la ola de marea del 25 de Julio», la revista no incluyó el poema en español y por eso el título que ofrezco acá está basado en mi traducción al inglés («Data for the Tidal Wave of July 25»). Como señalé en la entrevista que me hizo María Inés Zaldívar, que aparece también en esta publicación, yo no he visto nunca este poema en algún libro de la poesía de Neruda. Me parece que lo vi publicado en 1969 en el periódico *El Mercurio*.

ni tritones. / La poesía tiene que ser esto: / Una muchacha rodeada de espigas / O no ser absolutamente nada».

Tal manifiesto tuvo un impacto innegable en la obra de Enrique Lihn, como muestra su poema «Si se ha de escribir correctamente poesía». Y resulta que ha sido a la obra de Lihn que me he dedicado como traductor más que a la de Parra. Y esto sucedió por varias razones, una de ellas el hecho de que tantos otros traductores empezaron a trabajar con la antipoesía de don Nicanor. Sin embargo, de vez en cuando yo he vuelto a traducir unos antipoemas parrianos, como por ejemplo el prólogo a su traducción del Rey Lear y el antipoema más largo que cualquier otro, «Aunque no vengo preparrado». Otro antipoema que traduje es «Acúsome padre», en el cual el hablante confiesa que no ha leído las obras de dos escritores norteamericanos, el dramaturgo Arthur Miller y el novelista William Styron. También el narrador se refiere a Cervantes y Walt Whitman, quienes son claramente antepasados de la antipoesía. Y sobre Marilyn Monroe, el hablante dice que ella «es la sonrisa de la poesía / antes de ser tocada X el hombre» y que «esa sonrisa a mí me dice / + que la propia palabra democracia». Termina el antipoema pidiéndole al Tío Sam que «si no es mucha la molestia / que conteste la Carta del Piel Roja». Esta crítica a mi propio país representa otro aspecto atrayente de la obra parriana. Siempre la antipoesía me recuerda de los eventos, las maldades y aun la literatura que yo debiera saber pero que olvido o de la que nunca me di cuenta. En el caso del prólogo a su traducción del *Rey Lear*, el antipoeta me enseñó la historia de la crítica desatinada sobre esa tragedia, y no solamente la historia sino también mucho del drama mismo, que combina en sí la sabiduría dentro de la locura y la seriedad dentro de la comicidad que son las características sobresalientes de la antipoesía. Don Nicanor puede recitar renglones sin fin y soliloquios enteros de *Hamlet* y *Rey Lear*, y su conocimiento íntimo de obras de Shakespeare ha producido en español unas versiones ejemplares. Al traducir yo los antipoemas he sido el beneficiario de su comprensión de mi propia herencia inglesa.

Asimismo, al traducir el antipoema más largo, «Aunque no vengo preparrado», recibí varias lecciones en las historias de la filosofía, de las literaturas inglesa y chilena, del fútbol chileno, del significado de ciertas calles y lugares en Santiago, de la ecología, de la física y, como siempre, del humor parriano. No fue fácil traducir tantas historias, tanta ciencia y filosofía y tantos chistes en palabras regionales, pero fue toda una lección y una experiencia irremplazable. Considero como un privilegio haber logrado traducir tal antipoema, y a pesar de ocasionales desaciertos en mis traducciones, quedo convencido que la oportunidad de tratar de verter la luminosidad y la gracia de tal obra chilena al inglés vale no solamente la pena sino también los errores que he cometido. Además, me siento afortunado y —cuando pienso en el desilusionado Diego de Almagro— algo orgulloso de haber descubierto una de las más valiosas riquezas de Chile, que para mí reside en su antipoesía, la que excede en valor a todo el oro tan codiciado por los conquistadores.

Trilce/Arúspice/Tebaida

La poesía chilena, tal como la democracia chilena, tiene una larga y distinguida historia[5]. Mucho antes de la fundación de la República de Chile en 1818, y del establecimiento de nuestra primera colonia en Plymouth en 1620, Chile fue el tema de *La Araucana* (1569) de Alonso de Ercilla, uno de los pocos poemas épicos escritos en el Nuevo Mundo. Durante el siglo XIX y en los albores del XX, esta angosta pero larga franja territorial de 2,600 millas también había producido una considerable cantidad de poetas románticos y modernistas, aunque valdría la pena mencionar que ya para ese entonces, Chile se había provisto de una gran tradición literaria y libertaria capaz de atraer a su capital a Rubén Darío y Ciro Alegría, dos de los tres más influyentes escritores latinoamericanos previos a la Segunda Guerra Mundial.

Precisamente, fue mientras vivía como periodista en Santiago que Darío publicó *Azul* (1888), su primera gran obra, mientras que Alegría —que había escapado de la opresión política del Perú, su país natal— sacó a la luz su primera

---

5   «*Trilce/Arúspice/Tebaida*», *Road Apple Review* 4, no. 1 (1972): 4-8.

novela, *La serpiente de oro* (1935), haciéndose acreedor a uno de los premios ofrecidos en Chile por una editorial santiaguina. El compromiso intelectual del país, al alentar la llamada gran literatura —incluyendo el trabajo de sus propios autores— aseguró para la nación sureña un puesto de liderazgo entre la vanguardia literaria latinoamericana, mientras que de su inusitado interés por los vecinos surgiría una propensión por conocer y beneficiarse de las más significativas tendencias literarias de las Américas.

El tercer gran escritor sudamericano activo y previo a la Segunda Guerra Mundial fue, por supuesto, el chileno Pablo Neruda —ganador del Premio Nobel de poesía en 1971— a quien se le sumaron otros poetas reconocidos internacionalmente: Vicente Huidobro, fundador y practicante en Francia del «Creacionismo», y Gabriela Mistral, quien había ganado también el Premio Nobel de poesía en 1945. Mucho se ha dicho sobre el impacto que estos tres gigantes tuvieron sobre las jóvenes generaciones de poetas chilenos, pero lo que es más impresionante es la variedad e independencia de los nuevos poetas, particularmente en años recientes. No obstante, esto no debe constituir una sorpresa, debido a la breve historia que ya se ha mencionado. De esta forma, Chile sigue fiel a su muy especial herencia como movimiento vanguardista de la poesía latinoamericana. Para certificar un axioma indisputable, he reunido una muestra de veintidós poetas chilenos de hoy en día, la mayoría menores de los treinta años. Nada de Neruda, pero eso sí, muchas voces afectadas por Nicanor Parra, el autoproclamado «antipoeta», dándoles manzanas en vez de peras. [Los poetas de la antología son, en orden de aparición: Andrés Sabella, Raúl Bruna, Cecilia Vicuña, Jorge Teillier, Nicanor Parra, Jaime Quezada, Omar Lara, Carlos Cortínez, Floridor Pérez, Hernán Lavín Cerda, Gonzalo Millán, Waldo Rojas, Jaime

Gómez Rogers, Federico Schopf, Armando Uribe, Luis Moreno Pozo, Oliver Welden, Alicia Galaz, Guillermo Deisler, Miguel Morales Fuentes, Ariel Santibáñez y Enrique Lihn.]

Con la gran noticia de la elección presidencial en 1970 de un socialista, el Dr. Salvador Allende, muchos temían la pérdida de la libertad de expresión y de prensa, aun cuando el país ya había permitido la existencia del partido comunista como fuerza política en sus gobiernos democráticos. Esta tradición de verdadera libertad de elección, aparte de una situación económica común a la mayoría de los países «subdesarrollados» en el mundo, hizo posible e inevitable que los poetas chilenos vivieran en el siglo XX de una manera diferente a la que experimentaban o experimentarían otros países. Una apertura a los temas políticos y una madurez en términos de concientización socioeconómica capacitaron a los poetas chilenos a enfrentar significativamente muchos de los problemas de hoy en día y escribir sobre ellos para beneficio de la época. Naturalmente esto puso en contacto su poesía con la propaganda política, e incluso los mejores poetas fracasaron en distinguir correctamente entre las dos. Sin embargo, el poeta chileno no ha sido «manchado» por rozar hombros con los asuntos actuales, creciendo más bien desde la experiencia vivencial. Encontramos ejemplos así en la «Oración capitalista por el Che», de Luis Moreno Pozo, en el agudo «Hombre público», de Raúl Bruna, en el sutilmente inquisitivo «Revolución», de Enrique Lihn, o en la respuesta de Omar Lara a los ataques contra su humanidad en «Hacia arriba».

Al leer estas obras, lo que llama más la atención a aquellos familiarizados con la situación política chilena es el hecho de que, aun cuando estos poetas son partidarios de la Unidad Popular, sus poemas no son folletinescos, no traen como lastre programas sociales, y no vociferan ni desvarían, aunque sí se preocupan por la vida íntima de la gente, por las relaciones humanas cotidianas, y por sus sueños y memorias. Ansiosos por entender las necesidades fundamentales de cada hombre y cada mujer, se dedican preeminentemente a la poesía como un medio de revelación y respuesta. El arte de la poesía se practica siguiendo las rutas de la tradición chilena, y sin embargo el núcleo del trabajo de estos poetas es vital y original tal y como el de sus más ilustres antecesores.

Los poetas de más edad aquí seleccionados incluyen a Nicanor Parra, Enrique Lihn, Jorge Teillier y Andrés Sabella. Hoy en día, todos ellos han influido más de cerca en los poetas jóvenes que el mismo Neruda. Por ejemplo, Parra y Lihn han insertado en la poesía nacional tendencias innovadoras asociadas con lo kafkiano y lo freudiano, y aunque tal vez no suene muy revolucionario, en las manos de estos dos artistas el resultado ha sido una poesía singularmente chilena, y en ese sentido diferente tanto a la poesía chilena anterior como a la contemporánea. No solo sus humorísticas reacciones a las costumbres de la gente se han hecho proverbiales, sino que además cada uno de ellos, a su manera, ha revolucionado el género, y entre ellos han influido en la literatura nacional tanto como los otros tres grandes poetas de la época, Huidobro, Mistral y Neruda.

La influencia de Parra puede ser sentida a través de esta antología, especialmente en la habilidad de los poetas jóvenes de encontrar humor en cualquier situación, en sus arranques de cinismo razonado, y sobre todo en su atracción por lo «antipoético» en el lenguaje y en la vida. En cuanto a los poetas más antiguos, Teillier es romántico, y aunque sus seguidores no se identificarían como tales, su influencia puede ser encontrada en aquellos que viran hacia la contemplación del pasado, en particular aquellos que comparten, como lo hace Jaime Quezada, la crianza sureña de Teillier, con ese ritmo lento entre las lluviosas y frondosas áreas de la región. Por su parte, Sabella es nortino y su igualmente poético pero menos vegetativo verso es típico de las regiones desérticas. Al parecer, Sabella —un artista apacible— no es tan conocido en casa o en el extranjero, aun así, para los poetas nortinos —quienes representan aquí la promesa real del cambio futuro— Sabella es una presencia muy significativa y una inspiración constante a medida que se esfuerzan por crear poesía en el desierto literal que constituye el norte de Chile.

Al hablar de sí mismo, Lihn —para muchos poetas el «maestro»— ha contrastado su propio trabajo con el de Parra y Neruda, usando para ese propósito una de sus características metáforas religiosas. Para él, Parra no cree en nada, mientras que, por otro lado, Neruda ha sido por mucho tiempo fiel a su partido político —en 1970, Neruda postuló a la presidencia bajo la égida del Partido Comunista de Chile—. En esta instancia, Lihn se describe a sí mismo, como un sujeto escéptico. Él quiere creer, pero a menudo encuentra esta acción imposible. Esto se hace bastante evidente en su poesía, la cual consiste básicamente en una obstinada actitud hacia las mismas cosas en la vida que son obviamente fundamentales en su quehacer: la poesía y el pasado. Su honestidad en el acercamiento y sus innovadores diseños formales lo fuerzan hacia diversos dilemas, aun cuando de todo esto él haya construido una emocionante y penetrante nueva poesía. Lihn es definitivamente un poeta cuya estatura merece un reconocimiento internacional.

Entre los jóvenes poetas, Gonzalo Millán, Oliver Welden, Omar Lara y Cecilia Vicuña, todos ellos han logrado una franca y simple profundidad poética, rara para sus años. Waldo Rojas, un excelente crítico y poeta, fue el

Trilce/Arúspice/Tebaida

primero en dirigir mi atención hacia Millán, y cuando le pregunté si había otros como él, Waldo respondió, «Te aseguro que no hay ninguno como Gonzalo». El trabajo de Welden, a menudo comparado al de Parra en estilo, tiene su propio sonido: duro, pero muy inserto en lo emocional. La poesía de Omar Lara va creciendo en mí, y he tratado de incluir suficientes de sus poemas, de forma que su magia pueda trabajar en más lectores «gringos». Y qué decir de Cecilia Vicuña, la suya es ciertamente una voz fresca que puede ser bienvenida donde quiera que se le escuche, o tal vez no, si es que consideramos de lleno su tono impío. Tal como el espíritu de su trabajo, Cecilia ha deambulado por Inglaterra o Siberia, dejándonos solo una pequeña muestra de sus cándidos poemas.

Todo esto me trae al título de esta introducción. *Trilce/Arúspice/Tebaida* son las tres revistas chilenas de poesía en las cuales la mayoría de estos poemas aparecieron por primera vez. *Trilce*, nombrada en honor del volumen de 1922 del peruano César Vallejo —por cierto, otro de los grandes poetas sudamericanos anteriores a 1940— dejó de publicarse al igual que *Arúspice*; solo *Tebaida* sigue en pie, la cual afortunadamente se va expandiendo rápidamente debido a su calidad y contenido que mejora en cada edición. Bajo la hábil dirección de la sensible poetisa Alicia Galaz, *Tebaida* se ha convertido en la revista poética de Chile, presentando poemas tanto de la capital como los del norte y el sur del país. Entonces, gracias a estas tres pequeñas revistas, ha sido posible continuar con el trabajo de Huidobro, Mistral y Neruda. No quiero exagerar sobre la poesía de esta tierra de terremotos y cobre, pero creo que podría afirmar con toda seguridad que estos poemas chilenos —tal como sus vinos:

producto de una nación de apenas nueve millones— pueden equipararse con los mejores de hoy en día.

    Traducción de Luis A. Ramos-García, Universidad de Minnesota

Guillermo Blest Gana, romántico total

En la historia del romanticismo, vemos que algunos de los más grandes exponentes de esta visión del mundo murieron jóvenes[6]. Los poetas en especial parecían secarse a temprana edad tratando de superar lo que veían como una enfermedad común al Hombre y la Naturaleza: la de la imposibilidad de realizar los sueños más acariciados. Estos románticos buscaban lograr la cura mediante el establecimiento de una conveniente comunicación entre el hombre y su medio. Raras veces, sin embargo, hubo un poeta que viviera lo suficiente para alcanzar su objetivo en toda su amplitud. Analizándolo demasiado en términos filosóficos, a menudo los poetas perdían el poder poético que su ventajoso e idealista punto de vista les prestaba. Por esta razón, dentro de la historia casi universal del romanticismo, el caso de Guillermo Blest Gana es de inusitado interés. Avanzado ya en años, hizo esta declaración que epitomiza su propia práctica:

> Los versos que hacen los poetas de ahora, aquí en Chile i en América en general, se lo digo con toda sinceridad, no

---

6 «Guillermo Blest Gana, romántico total», en *Revista Chilena de literatura*, nos. 5/6 (1972): 37-45.

me agradan. Ellos dicen que la poesía debe nacer más del cerebro que del corazón (...) como viejo diré que éstas son novedades pasajeras, como lo fue el decadentismo i que la única poesía que puede vivir i que usted debe hacer, si quiere que sus versos no duren lo que las rosas de verano, es bella poesía, poesía suave, verdadera y sobre todo con mucho sentimiento»[7].

Aunque hay características que Blest Gana no comparte con románticos extranjeros o contemporáneos chilenos, su tipo de «romanticismo» está basado en los aspectos más elementales de ese movimiento y de una manera que incluye lo mejor y lo peor de sus manifestaciones literarias. Uno de estos elementos básicos dentro del repertorio romántico se encuentra en su relación con la Naturaleza, que sufre con él los efectos de la Caída. Como ambos están sujetos al nacimiento y muerte, un sentimiento de identificación es la resultante en el espíritu del poeta:

> Para el romántico la realidad no es algo objetivo e inmóvil, independiente de sus estados emotivos, sino un reflejo de éstos. El romántico siente el paisaje como un estado de espíritu, lo deforma filtrándolo a través de su sensibilidad, nos da de la realidad una visión personal[8].

De esta desfiguración de la Naturaleza se deriva la mayor parte de la crítica al romanticismo. Aunque no sería posible ser objetivo, la acusación de una visión artificial

---

7   Fernando Alegría, *La poesía chilena: orígenes y desarrollo del siglo xvi al xix* (Berkeley y Los Angeles: University of California Press, 1953), 251.

8   Fuente desconocida. Cuando este ensayo se publicó en 1972 en *Revista chilena de literatura*, no aparecían notas, solamente una bibliografía. Entre los libros en la bibliografía no he podido encontrar las fuentes de dos citaciones, esta y la de la nota 8.

no podría aplicarse a los románticos con justicia, ya que los sentimientos siempre se privilegiaron por sobre la razón, la única comprensión verdadera se deriva de una identificación emocional. Un ejemplo importante de este rechazo a una visión ordinaria de la realidad por una visión superior se encuentra en el poema «Ilusión» de Blest Gana. Aquí, el poeta celebra las bellezas de la vida como la única felicidad verdadera e identifica el dolor como pura ilusión. Este tipo de miopía ha sido atacada durante mucho tiempo como una de las peores debilidades románticas. Sin embargo, no debe dejar de considerarse si se quiere apreciar realmente adónde condujo a los románticos.

Aunque Blest Gana no entra en detalles sobre los esfuerzos de la Naturaleza para realizarse a través de una relación conveniente con el Hombre, se ve que él está consciente de este cariz del problema, que tiene el poder del poeta de ponerse dentro de lo que ve. El poeta cree que el Hombre y la Naturaleza pueden lograr sus más profundos anhelos, siempre que cultiven las relaciones más naturales y puras. En «Noche XV», el poeta nos da uno de sus más sensuales relatos de las actividades de los hombres y la Naturaleza. Los sonidos y movimiento de ella («el arroyo ... besando al paso las pendientes ramas / del verde sauce») son comparados con una frenética algazara humana donde la Naturaleza «remeda el ruido del hablar secreto / de dos amantes»[9]. Aquí lo inanimado siente lo humano y se lanza a imitarlo. A través de este poema, las imágenes son comparaciones de las relaciones humanas, de madre a hija, de hermana a hermana, relacio-

---

9 Guillermo Blest Gana, «Noche XV», *Antología general de la poesía chilena*, ed. Raul Silva Castro (Santiago: Empresa editora Zig-Zag, S.A., 1959), 102. Las siguientes citas a la poesía de Blest Gana pertenecen a esta antología de Silva Castro, con el número de la página en paréntisis.

nes que se dice existen entre montaña y llovizna, tierra y luz de la luna, cada parte protegiendo a la otra con un interés y afecto como de carne y hueso. Las hojas que se mueven son comparadas con labios hablando de amor, y la luciérnaga, con una persona que ora y después trata de esconder sus dudas. En último término, sin embargo, el significado de todo esto está dirigido, naturalmente, más hacia lo humano que a lo inanimado. Amar las ilusiones de la noche sin inquietarse porque son nada más que eso, amar la sola apariencia de similitud humana sin sufrir creyéndolas producto de la imaginación, es para Blest Gana una felicidad que vale el dolor de engañarse a sí mismo.

En «Noche XXII» el poeta también refiere a la noche como un medio de esconderse de la realidad y ganar por lo menos una felicidad transitoria. Este escapismo también es una de las debilidades que se encuentra en el romanticismo, pero dentro de este tema se introduce uno de los más significativos elementos para Blest Gana y todos los románticos: la del recuerdo como el sentimiento más sustancial, y la noche, como su hora más propicia. Cuando el narrador, en su soneto que empieza «Si a veces silencioso y pensativo», teme que en la presencia de su amada su solo respirar la haga desparecer como todas sus otras felicidades, debe ser evidente la importancia para el romántico del poder recordar esos paraísos perdidos, ya que si la felicidad es algo tan frágil, no queda otra manera de retenerla sino que a través de un recuerdo inolvidable. Evidente también es la predilección por la experiencia mental por sobre el contacto directo. La debilidad de tal actitud está expuesta a una crítica severa; sin embargo, como siempre, los resultados poéticos pueden, hasta cierto punto, justificar los efectos irracionales.

Explicar mediante referencias biográficas este temor de aceptar una felicidad fugaz por sí misma, parecía a los más tempranos admiradores de los poetas románticos el camino más positivo posible. Esto es correcto en el caso de Blest Gana, si el enfoque hecho por Enrique Nercasseau y Morán en 1906, puede considerarse como típico de su época. Este crítico considera la muerte de la madre del poeta a tan temprana edad como el factor determinante en herir «tan profundamente las cuerdas de la sensibilidad, que desde ese instante su lira se sintió más predispuesta a la queja i al llanto, que a la sonrisa y la alegría»[10]. El recuerdo de su pérdida persigue al poeta, como también su desilusión frente a una mujer que él amaba como su «amor primero, cuando el alma, como las flores al rocío, se abre a las dulces i nobles emociones de la existencia»[11]. Aunque esto puede ser cierto, dicha postura de Blest Gana, la cual es común a casi todos los románticos, ya no satisface. Es una suerte, por lo tanto, tener un crítico tan penetrante como Fernando Alegría que le dedica varias páginas a este poeta en su libro *La poesía chilena: orígenes y desarrollo del siglo xvi al xix* de 1954. Al tratar del temor de Blest Gana a que el amor pueda acabarse para siempre, como indica por ejemplo en «¡Oh, mis cartas de amor!», Alegría considera el problema con humanidad y lógica. En el poema al que Alegría parece hacer referencia, Blest Gana dice que preferiría no haber amado nunca, ya que al amar una vez no podrá hacerlo de nuevo. Alegría defiende esta debilidad romántica preguntándose y contestando una pregunta muy razonable: «¿Quién cree que su amargura fue eterna o que jamás volvería a amar en su vida? Nadie que esté en sus cinco sentidos. Pero como él no

---

10   Enrique Nercasseau y Morán, «Conferencia sobre la poesía en general i en especial sobre las de don Guillermo Blest Gana», *Anales de la Universidad de Chile* (Santiago, 1906), 240.

11   Nercasseau y Morán, 240.

estaba en sus cinco sentidos cuando tenía veinte años tenía derecho a creerlo y proclamarlo en sus versos»[12].

Además de este estigma un tanto juvenil, hay otros elementos en este mismo poema que merecen detallada atención. Como en muchos románticos, la verdadera razón para dejar de atesorar el pasado no es mencionada por el poeta. En el caso de Blest Gana apenas dice que fue «por mi mal», aunque este «apenas» pasará a significar muchísimo más en sus obras posteriores. Aquí, el poeta concentra su atención en el hecho que el recuerdo es a la vez fuente de tormento y placer. Cree que su primer amor fue el eco de una melodía celestial interna, idea cercana a la de Wordsworth cuando el poeta inglés presenta a un niño como viniendo a este mundo con nubes de gloria arrastrando de su existencia pasada, nubes que desaparecen gradualmente, mientras más tiempo vive el hombre separado del cielo. La pérdida de la inocencia es descrita por Blest Gana, como un transitar orgullosamente por el camino de la vida, lleno de confianza, cuando de pronto, las espinas clavan y rompen tan tiernos pies. Después, la vida parece vacía, la juventud, una flor marchita, la humanidad, una forma de esclavitud. La melancolía pasa a ser entonces la única amiga («tierra amiga»). La única realidad está en el sueño retenido por el recuerdo intacto, inviolado, ni una sola hoja marchita ahí, desechando así la razón una vez más por una realidad superior: la del recuerdo de la inocencia y su conexión con el todo. Como Alegría tan bien lo dice:

> Desde entonces Blest Gana se dedica a poetizar su tragedia de adolescente. Busca incesantemente en su mundo interior, expresa su amargura en diferentes matices, se hiere, se consuela, suspira, parece alcanzar la calma, ilu-

---

12   Alegría, 244.

mina sus versos un recuerdo amable, pero vuelve a la melancolía, encuentra, sin duda, deleite en sufrir una pena tan seductora[13].

La memoria es, entonces, un lugar donde tanto el placer como el dolor se experimentan simultáneamente. En «Marina», esto se observa especialmente junto con la ulterior evidencia de la relación recíproca entre el Hombre y la Naturaleza. Aquí, nubes y emociones (recuerdos, soledad, melancolía, alegría) y creaciones humanas (monstruos, columnas, templos, incensarios) están relacionadas en la forma más poética y el poema termina con una nota típicamente feliz-triste: «esta promesa y este adiós a un tiempo: ¡Hasta mañana!» (105). Noche y día son tal vez las imágenes desarrolladas más a fondo en Blest Gana y a través de ellas, descubrimos sus temas favoritos. Por ejemplo, en «La tarde» la puesta del sol es comparada con «las dulces memorias de la infancia»:

> Es la hora del amor y del recuerdo,
> la hora de los proyectos encantados,
> la hora en que en los mundos ignorados
> de los ensueños, con placer me pierdo.
>
> Hallo en esa hora, que a la tierra viste
> con su manto indeciso, algo más grave:
> algo como el amor dulce y suave,
> y algo como la muerte amargo y triste. (106)

Aquí una vez más el poeta indica su atracción por la seriedad y también su predilección por lo dulce y amargo al mismo tiempo. A esta hora su alma puede entrar en comunicación con el infinito, consiguiendo un sentido de liberación del

---

13   Alegría, 244.

peso de un mundo opresivo, ambos deseos comunes a todos los románticos:

> Mi alma en lo infinito se espacia.
> y desplegando sus doradas alas,
> el orbe viste de lucientes galas
> voladora mi alegre fantasía. (106)

La tarde simboliza también la hora cuando las luces mueren y renacen perpetuamente. Finalmente, de esta hora de eternidad el egocentrismo del romántico emerge, cuando el poeta dice que vive «¡cuando todo muere!» (107). Solamente cuando está abstraído de todo lo demás, su fantasía puede tomar forma. Este estado de ánimo producido por la tarde, dice él, es responsable de su amor por todo lo bueno y bello y protege su recuerdo a través del dolor y del placer, y eso es lo único que lo acerca a Dios.

El triunfo sobre el estado consciente, no obstante, no es completamente satisfactorio para el poeta. El preferiría realizarse a través de la Naturaleza antes que rechazarla como un oponente. Sin embargo, aunque la identificación es tal vez más a menudo de entendimiento mutuo, el Hombre y la Naturaleza no siempre son presentados en la literatura romántica como protagonistas asociados en el drama de nacimiento y muerte. Así, la fuerza demoníaca de la naturaleza es, a veces, interpretada por el poeta como antagonista. Cuando Blest Gana compara su soledad en la niñez con un árbol cuyas hojas han sido arrancadas por un huracán, él está claramente en armonía con el sufrimiento de la naturaleza. Pero cuando en un poema reminiscente de la composición de Coleridge, «Work without hope», el poeta chileno, como el inglés, se muestra algo envidioso de la alegría de la naturaleza, una nota de desarmonía entra en juego. A pesar de las lecciones que la Naturaleza da al Hombre, la inhabilidad de éste para aprenderlas es otra fuente de honda melancolía. Insatisfacción con la vida y la oposición de ésta a sus tentativas de realización, se transforman en una aflicción constante. La lucha, por lo tanto, el exilio dentro de la naturaleza que a menudo el hombre siente, se agrava con este conflicto entre el sujeto y la Naturaleza —su espejo emocional—, ya que el reconocimiento del romántico de esta separación aún más honda del complemento suyo es extremadamente deprimente para su división interna-externa ya existente.

La única cura para este divorcio, según Blest Gana y muchos otros románticos, es el bálsamo del recuerdo, ya que él solamente limita la distancia entre su esperanza y su realización. En una de sus variadas alusiones al amanecer, el poeta asocia un primer beso («El primer beso») con una época cuando su prima le parecía más hermosa. Aun «mi fría razón» (113), dice, corrobora esta visión de esas horas despreocupadas de esa experiencia. Y aunque su tía dice que la memoria del poeta lo ha hecho confundir la edad de la joven en ese entonces, él declara que no tiene importancia, ya que en su memoria la edad no existe, es decir, su prima «jamás, jamás envejece» (113). El amanecer es, entonces, símbolo de una cognición que, una vez que su luz ha alcanzado la mente, ninguna noche puede arrancarla. Después, la vida debe haber parecido un océano tumultuoso, porque

> La dicha de mi existencia
> quedó a la orilla del mar (114)

donde el abrazo tuvo lugar, un beso que une simbólicamente a través del recuerdo del mágico momento cuando el poeta se acercó más a una experiencia de felicidad completa.

En «Adán y Eva», la salida del sol es comparada con la llama del amor que corre en las venas de los enamorados, ya que aquí nuevamente, la naturaleza se ve en armonía con las emociones humanas. El comienzo, por lo tanto, el alba del amor verdadero, fue y es el único paraíso, y su recuerdo, la única felicidad. El amor primero es también el tema de «El Crepúsculo», donde el poeta es visitado y reconocido como un hermano original por «fantasmas bellos» (110). Sus sueños nacen de esta primera luz y éstas son las típicas visiones románticas: de gente libre, tiranos destronados, de felicidad, y de poemas de amor sin escribir aún: «Salud, bellos fantasmas del pasado! / quien os tiene jamás es desgraciado» (111).

Este optimismo en la vida de ensueño es reemplazado en las obras posteriores del poeta, por un pesimismo y su expresión en la literatura romántica. Esta evolución, sin embargo, fue anticipada ya en 1858, cuando el poeta declara que «las exageraciones de la escuela romántica, propagaron el mal»[14]. Pero no fue hasta tiempo después que en sus obras pudo evitar la calamidad del escapismo. Ahí aporta una madurez creada por esa agudeza crítica temprana, así como por un intento genuino de buscar en su alma la verdadera relación romántica entre la naturaleza y el mundo emocional del poeta. Alegría resume este desarrollo cuando escribe que «De aquí surge Blest Gana como el poeta más profundo de inspiración en la primera generación de románticos chilenos»[15]. Hugo Montes dice que «es cierto también que ambos [Blest Gana y Guillermo Matta] acompañaron y hasta precedieron la poesía de uno de los grandes forjadores [Gustavo A. Bécquer] de la moderna lírica en español»[16]. Pero para hablar en extensión acerca de su propio logro, debemos prestar atención más cuidadosa a la transición de Blest Gana

---

14   Véase la nota 2.
15   Alegría, 248.
16   Hugo Montes, *Poesía actual de Chile y España* (Santiago de Chile: Editorial del Pacífico, 1970), 31.

de un poeta satisfecho con la más débil posición romántica de escapismo, a la de un poeta deseoso de reevaluarse a la luz de su visión superior de la relación entre lo que él cree que el hombre debiera hacer y lo que hace en realidad. Así, en su soneto que comienza «Voy quedando tan solo», él era «la vieja nave que no encuentra puerto» (114). Y el sólo hecho de su continua búsqueda de comprensión y verdad, sin encontrar sus esfuerzos satisfactorios, es la evidencia de un poeta consumado. Esto se ve de manera magnífica en su poema titulado, característica, «Mirada retrospectiva», cuando, antes que lamentar sola la pérdida de algo que él no podía tener, debido a la interferencia del mundo, el poeta dice que:

> es mi mayor pesar, es mi quebranto,
> no haber amado más, yo, que creía,
> yo que pensaba haber amado tanto! (114)

La crítica final del poeta no es contra el mundo, ya que como en «Lo único eterno» él sabe que, aunque aun «ciego destruye o cínico profana / lo que, poco antes, ensalzó la lira» (115), sólo el amor es la verdad eterna en la tierra, que continúa valiendo la pena del sufrimiento y búsqueda, el único eslabón, vital y satisfactorio, entre el hombre y sus mundos externos e internos.

Esta comprensión, este reconocimiento de los excesos fundamentales del Romanticismo demuestra en Blest Gana una visión interna y una honestidad rara entre los miembros de ese movimiento. Reconociendo dónde ha estribado su mayor fracaso, el poeta muestra que para él continúa siendo válida la necesidad de amar y también la necesidad de contabilizar la incongruencia entre aspiración y logro, porque sólo así los sentimientos, muy susceptibles de ser llevados a la exageración, pueden servir al hombre de manera significativa. No solamente aminora esta exageración mediante una confesión de fracaso en el amor, que para los románticos es la consideración más importante, sino que también deja en claro que aún cree en ese objetivo verdadero de la búsqueda del hombre, esa cualidad que está llamada a unir sus mundos dispares. Lo que él afirma, en último término, es que sólo una vigilancia constante para darse cuenta dónde termina el sueño y dónde comienza la realidad, puede hacer de estas dos partes partícipes en la formación de un todo, que es la característica propia del hombre.

Completando el círculo como pocos poetas, Guillermo Blest Gana logra, a través de tal vez las más ordinarias tendencias románticas, un resumen que, al fin de cuentas, suple el egocentrismo e imágenes extremadamente simples. Además de este logro, la clara musicalidad de sus versos debería asegurar su presencia en antologías líricas en años venideros. Y con esta combinación de autocrítica y dedicación a la formación de su pensamiento, Guillermo Blest Gana merece el título que le ha otorgado Norberto Pinilla de «el primer poeta romántico nacional legítimo», y tal vez, el mejor de todos[17].

Traducción de María Isabel Jofré

---

17 Norberto Pinilla, *La Generación chilena de 1842* (Santiago: Ediciones de la Universidad de Chile, 1943), 200.

Introducción a la traducción de Discursos de sobremesa de Nicanor Parra

Traducir al inglés los *Discursos de sobremesa* de Nicanor Parra como *After-Dinner Declarations*, en principio no sugiere la verdadera naturaleza de esta colección de cinco discursos «en verso» del autoproclamado antipoeta, pronunciados en cinco ocasiones diversas durante los años noventa[18]. Originalmente pensé titular el libro como *After-Dinner Speeches*, pero el mismo Parra sugirió traducir «discursos» por las acepciones en inglés «discourses», «declarations» o «statements». Confieso que el término «discourses» me parecía demasiado formal, en tanto que «statements» poco expresivo; «speeches», en cambio, asomaba más cercano al «habla coloquial», en armonía con la posición del propio Parra en orden a que la poesía debería estar escrita con el lenguaje de la calle. Sin embargo, después de una difícil deliberación, concluí que el término «declarations» era el que más se acercaba a la hora de caracterizar las diatribas, los elogios y los dictámenes antipoéticos de Parra, sus humorísticas

---

18 «Introducción» a *After-Dinner Declarations* de Nicanor Parra (Austin, Texas: Host Publications, 2009), i-vii.

provocaciones tanto hacia quienes se muestran satisfechos con el sistema como hacia todos aquellos cuya codicia y ambición los ha llevado a destruir el medioambiente y la vida en nuestro planeta.

A mi juicio, ni siquiera el título en español de Parra para este libro puede ilustrar la riqueza de alusiones políticas, religiosas, literarias, sociales, filosóficas y personales que, a través de la ocurrencia sagaz, o de la sátira ingeniosa, se van desplegando a lo largo de los 235 «antipoemas» que conforman los cinco «Discursos». Quizá recogiendo las múltiples acepciones que el diccionario inglés nos da de la expresión «discursos» (talks, discourses, orations, speeches), además del aporte hecho por Parra hacia «statements» y «declarations», nos sea posible alcanzar una noción más íntegra del amplio espectro de ideas y giros del antipoeta. Sus discursos están, de hecho, atiborrados por «declaraciones» (de independencia) sobre un amplio espectro de asuntos urgentes, una de ellas con su afirmación de que la vía mapuche de subsistencia es la única solución a nuestros problemas económicos y ecológicos. Conocer el contexto que inspiró los cinco «Discursos» revela la trascendencia de la tentativa creadora de Parra: en 1991, al ser galardonado con el premio Juan Rulfo por el gobierno de México; en 1993, ante el Congreso del Teatro de las Naciones al conmemorarse el nacimiento de Shakespeare; también ese año, al homenajear en su centenario al poeta/antipoeta creacionista chileno Vicente Huidobro en Cartagena, balneario situado en el litoral chileno justo frente a Las Cruces, donde Parra tiene su hogar; en 1996, cuando le fue conferido el grado de Doctor por la Universidad de Concepción; y en 1997, en la Universidad Austral de Valdivia, con motivo del tributo al escritor y educador chileno Luis Oyarzún, su amigo desde los días de estudiante en el liceo Barros Arana y en el Pedagógico de la Universidad de Chile, ambos en Santiago.

Y si ya el título de este libro ha sido para mí todo un reto como traductor, mejor ni hablar de la agonía que me ha significado traducir los modismos chilenos, para los cuales he debido poner a prueba memoria e imaginación hasta dar con el giro equivalente o adecuado. A pesar de quedar con frecuencia insatisfecho con mis elecciones finales, me siento, creo, mejor, ya por el hecho de haber luchado por las locuciones más apropiadas para Parra, porque sé con certeza que he aprendido a apreciar más que nunca su arte antipoético. Sólo espero que mis esfuerzos puedan, al menos, acercar en algo al lector a la riqueza lingüística y al ingenio de don Nicanor.

Unos pocos ejemplos de juegos antipoéticos pueden ilustrar las dificultades que enfrenté como traductor. En el discurso a Luis Oyarzún, Parra cambia la raíz *peda* o *paeda* de la palabra griega cuyo equivalente español es «pedagogía» o «pedagógico» por «piedra», vocablo que en inglés admite los términos «stone», «rock» o «pebble». En este caso mi traducción intenta recoger, a través de la expresión «pebble», en el compuesto «pebblegogy», el doble sentido del término parriano «piedragógico». En el discurso a Oyarzún, Parra también combina su propio nombre con la palabra «preparrado», para extender y multiplicar su significado; con ello, entonces, hasta palabras aisladas («piedragógico/pebblegogy» y preparrado/preparraed) están cargadas de pensamiento antipoético. Incluso el título de la «declaración» de Oyarzún proviene de un popular chiste chileno en el que un orador reclama que «no tiene nada preparado» pero luego comienza a leer un extenso discurso. Como advertencia al lector sobre las alusiones y retruécanos en los que Parra abunda, he agregado un apéndice con notas aclaratorias, el que en todo caso no es exhaustivo. Mis comentarios, para distinguirlos de los del autor, están precedidos por la frase «nota del traductor»; con ellos he querido añadir información o aportar matices satíricos que enriquezcan la comprensión de las temáticas y de los personajes de los poemas.

En 2008, con 94 años, Parra sigue deslumbrando a sus admiradores y confundiendo a sus detractores. Es una historia que se repite, tal como ocurrió en 2006, al publicarse reunidos por primera vez los *Discursos de sobremesa* bajo el sello de Ediciones Universidad Diego Portales, en la cúspide de una trayectoria que abarca un período de 68 años, desde *Cancionero sin nombre (Unnamed Songs)*, en 1938, para continuar con el revolucionario *Poemas y antipoemas (Poems and Antipoems,* en su edición bilingüe de 1966 a cargo de Miller Williams para New Directions), por no citar dos de sus colecciones posteriores, *Sermones y prédicas del Cristo de Elqui* de 1972 (reeditado en edición ampliada en 2007, y que ya en 1977, bajo el título inglés de *The Sermons and Preachings of the Christ of Elqui, formó parte de un conjunto de traducciones* a cargo de Edith Grossman) y la traducción del propio Parra del *King Lear* de Shakespeare, en 2005, como *Lear, rey & mendigo.*

Parra ha sido desde hace mucho un serio estudioso de Shakespeare; esto en parte porque considera al Bardo como el primer antipoeta. Entre las múltiples razones por las que el chileno ve en Shakespeare a un ancestro, está el hecho de que éste, en sus piezas teatrales, no toma bandos ni partidos, sino que sólo se limita a mostrar las fortalezas y debilidades de los protagonistas y las situaciones. Hamlet, según Parra, representa el punto de vista antipoético por excelencia: lo declara nada menos que «Campeón de la Duda Metódica», según puede leerse en la traducción de Liz Werner, *Antipoems: How to look better & feel great,* publicada en

2004 por New Directions. La actitud escéptica de Hamlet ha sido cultivada por Parra a lo largo de sus escritos y, al igual que otros tópicos del antipoeta, aparece y reaparece con un tinte ligeramente diferente. Aquí, por ejemplo, en «Feliz Cumpleaños/ Discurso de Caupolicán», el príncipe responde el teléfono y se identifica a sí mismo como uno «que está enfermo con la duda metódica».

Cada cierto tiempo, entre un discurso y otro, Parra repite algunas posiciones sustantivas, especialmente sus advertencias en contra de la polución y la sobreexplotación que ha conducido a aniquilar la vida marina y los bosques. Pero más allá de las reiteraciones, el trabajo de Parra en *Discursos de sobremesa* asoma perdurable, con una inventiva sin límites, dejando asomar conexiones insospechadas entre tópicos, como cuando une *Pedro Páramo* de Rulfo a *Hamlet*, o cuando considera a Shakespeare y Cervantes como dos nombres de un solo hombre. Cada uno de los cinco discursos desarrolla una línea narrativa, con «digresiones» ocasionales para viñetas de Jorge Luis Borges, el Papa, o la crucifixión de Cristo, este último tropezándose con un narrador que lo observa por «simple» curiosidad. La visión religiosa de Parra posee una gama que va desde el humor y la distancia irónica a los indignados sermones de su alter ego, el Cristo de Elqui, predicador itinerante que en sus juicios quijotescos muestra preceptos morales en contextos aparentemente inverosímiles.

Aunque los cinco discursos de Parra a menudo discurren sobre el concepto mismo de antipoesía, principalmente a manera de contraste con la poética de otras figuras literarias, también recogen problemáticas imperecederas vinculadas a la ecología, los derechos humanos y las responsabilidades, la filosofía (desde Zenón de Elea y Platón a Friedrich Nietzsche, Max Stirner, Martin Heidegger y Jacques

Derrida), la matemática y las ciencias, estas últimas debido a su trabajo como profesor de física amaestrado en las universidades de Brown y Oxford. Incluso en el discurso del Bío Bío, a propósito de su doctorado honoris causa, Parra se las ingenia para asumir el papel de médico y lanzar mordaces burlas en contra de los profesores pedantes y del «negocio de la salud». En esta y en otras declaraciones, también entona sus variaciones a refranes y coplas populares. Así, por ejemplo, el antipoeta juega en el discurso de recepción de su *Doctorado Honoris Causa* con la canción de la oca y los pollitos que dicen «pío pío», transformando irónicamente el cacareo de éstos en «Bío Bío», aludiendo al río chileno que atraviesa la ciudad sureña de Concepción.

En el homenaje a Huidobro, recapitulando la famosa «guerrilla» literaria de los años treinta entre Huidobro, Pablo Neruda y Pablo de Rokha, Parra reviste la trama principal con canciones y poemas de toque antishakesperiano, junto a Vicente, su «mentor» predilecto. (Quizá como entusiasta de Whitman, Parra diría de su favoritismo: «¿Me contradigo a mí mismo? ... Soy vasto, contengo multitudes».) En su elogio a Huidobro —como en todas sus alocuciones en verso— Parra exhibe un acabado conocimiento de sus «rivales», no sólo de sus obras poéticas, sino también de sus amargas querellas. Por la vía de expresar su deuda con Huidobro, Parra llega a incluso a «robarle» la primera estrofa de «Monumento al mar» para reproducirla casi palabra por palabra en la última estrofa de su discurso «Also Sprach Altazor». El único cambio que introduce es añadir la letra «i» a la palabra *traductor*, gracias al cual genera otro neologismo, *traiductor*, que en mi versión inglesa se transforma en «transla(trai)tor».

En sus intervenciones a propósito del premio Rulfo y del doctorado honoris causa, Parra ha creado —o tal vez resucitado desde la tradición— un nuevo género para su antipoesía: el del discurso de recepción con motivo del galardón, donde el poeta, luego de considerarlo inmerecido, irónicamente se queda mudo, sin palabras para expresar su gratitud y desconcierto. A su vez estas intervenciones permiten al poeta satirizarse, como cuando habla de estar trabajando en el último «mal» discurso del siglo XX y el primer «buen» discurso del siglo veintiuno, declarándose luego incapaz de distinguir cuál es cuál. Cualquiera que pueda ser el mejor título en inglés para este libro donde Nicanor Parra reúne homilías antipoéticas, aforismos, letanías, homenajes, calambures matemáticos e historias literarias, lo cierto es que la perspectiva de este nonagenario sobre el mundo moderno, lúcida y amena, se aploma sobre una retórica mordaz y creativa que, más allá del juego y la diversión, se enfrenta a los problemas más serios de nuestro tiempo para exponerlos sin rodeos, llamando a cada cosa por su nombre. Una vez más, yo sólo espero que mis «antitraducciones» hayan captado algo de la ingeniosa voz de este auténtico antipoeta, que no envejece.

Traducción de Armando Roa Vial, Universidad del Desarrollo

Huidobro y *Parra:* dos generaciones de antipoetas

Con la publicación de *La Araucana* de Alonso de Ercilla en 1569-1589, se inicia la larga y vasta tradición de la poesía en español que surge del Nuevo Mundo[19]. No obstante, después de este gran comienzo pasarían más de tres siglos antes que otra obra poética de tal relevancia emanara del país largo y angosto cuyos aborígenes Ercilla había celebrado en su poema épico, y que el mismo Cervantes ensalzara en su *Don Quijote*[20]. De hecho, sólo con la publicación de *El Espejo de agua* en 1916 y de *Altazor* en 1931, libros monumen-

---

19 «Huidobro y Parra: dos generaciones de antipoetas», en *Huidobro's Futurity: Twenty-First Century Approaches*, ed. Luis Correa-Díaz and Scott Weintraub (St. Paul-Minneapolis: University of Minnesota Press, 2009), 136-151.

20 Miguel de Cervantes, *Don Quijote de la Mancha* (Madrid: Espasa-Calpe, 1967). En el capítulo VI de la Parte primera, el poema épico de Ercilla aparece en el siguiente parlamento: «—'Todos esos tres libros' [*La Araucana, La Austríada, El Monserrate*] —dijo el Cura— 'son los mejores que, en verso heroico, en lengua castellana están escritos, y pueden competir con los más famosos de Italia; guárdense como las más ricas prendas de poesía que tiene España'» (171).

tales de Vicente Huidobro, Chile alcanzó el sitial más alto de Latinoamérica en términos poéticos. Como «Poeta / Anti poeta» y «antipoeta y mago», Huidobro decretó en sus «Manifiestos» que «EL GRAN PELIGRO DEL POEMA ES LO POÉTICO (...). No agreguéis poesía a lo que ya la tiene sin necesidad de vosotros. La miel sobre la miel da asco»[21]. En su «antipoesía» Huidobro reemplaza «lo poético» con su «Gimnasia astral para las lenguas entumecidas»; para este chileno, el antipoeta es «un pequeño Dios» que crea su propio mundo («todo lo que dice es por él inventado / Cosas que pasan fuera del mundo cotidiano»). Como una «Manicura de la lengua», el antipoeta no emplea demasiadas palabras descriptivas, desde que «el adjetivo, cuando no da vida, mata»[22]. En *Altazor*, Huidobro hace de su teoría del creacionismo un programa para invertir el orden natural del universo, un programa que incluso aparece en «Arte poética» dónde había declarado en 1916 que el poeta verdadero «Inventa mundos nuevos y cuida [su] palabra». En vez de imitar la naturaleza y plagiar a Dios, Huidobro juega «fuera del tiempo» y pone en órbita su propio sistema planetario, en lo cual «el árbol se posará sobre la tórtola» y «la flor se comerá a la abeja», al revés del orden de este mundo[23].

---

21   Vicente Huidobro, *Altazor*, en *Obra selecta* (Caracas, Venezuela: Biblioteca Ayacucho, 1989), 118 del Canto I, y 143 del Canto IV. La declaración en letras mayúsculas y el resto de la cita aparecen en «Manifiesto tal vez», 303. Originalmente «Manifiesto tal vez» fue publicado en francés en *Création*, No. 3, París, 3 de febrero de 1924.

22   Huidobro, Canto III de *Altazor*, en *Obra selecta*, 134 y 132; y de «Arte poética», 3.

23   Véase «Manifiesto tal vez» para estas ideas; por ejemplo, «El poeta no debe ser más instrumento de la naturaleza, sino que ha de hacer de la naturaleza su instrumento. Es toda la diferencia que hay con las viejas escuelas», en *Obra selecta*, 303. Anto-

Aunque Huidobro concibió el primer programa para una nueva poesía, en contra de la «Poesía poética de poético poeta», el suyo no es el único aporte al desarrollo de la poesía chilena de la década de 1920 del siglo pasado. Esa época también fue testigo de un vasto y vital reguero de metáforas que fluían de la imaginación del poeta chileno Pablo Neruda. No sorprende que la aparición de Neruda en la escena iniciara una seguidilla de rencillas, envidias y conflictos entre las dos personalidades volcánicas de estos poetas y que más tarde alcanzaría a Pablo de Rokha, otro poeta chileno de la época. Por 1938, irrumpe la voz potente de Nicanor Parra, quien se alínea con Huidobro en contra de Neruda y de Rokha. Diez años después, Parra se denominó un antipoeta y rechazó el elenco nerudiano de mil vertiginosos adjetivos que, como había dicho Huidobro, podía matar la poesía[24]. Para Huidobro ser un antipoeta significaba en un sentido el rechazo a la poesía de todos los otros poetas. Su declaración en *Altazor*, que él fue «el único cantor de este siglo», implica en parte una negación de la cornucopia de imágenes naturales de Neruda[25]. A pesar de la aserción de Huidobro, el Adán de la poesía chilena, su muerte prematura en 1948

---

nio Undurraga, en su «Teoría del Creacionismo», considera la oración con respecto al plagio «el verdadero evangelio de la teoría creacionista» (en *Vicente Huidobro: Poesía y prosa* [Madrid: Aguilar, 1957], 173). Ejemplos de la inversión de la naturaleza aparecen en Canto III de *Altazor*; por ejemplo: «El arco íris se hará pájaro / Y volará a su nido cantando» (*Obra selecta*, 131). En «El Creacionismo» Huidobro dice el poeta debe «Hacer un poema como la naturaleza hace un árbol» pero insiste que «Un poeta debe decir aquellas cosas que nunca se dirían sin él» (*Obra selecta*, 315 y 308).

24 Parra me dijo esto en 1965. Véase «Chile 1965», el primer ensayo en esta colección.

25 Huidobro, Canto V de *Altazor*, en *Obra selecta*, 158.

relegó al olvido su obra antipoética que sucumbió al diluvio de metáforas, innegablemente imaginativas, de Neruda. Sin embargo, el mismo Huidobro ya había creado un sinfín de metáforas propias en su Canto V de *Altazor*, con su caleidoscopio de imágenes transformadas del molino, del arcoíris, de la tumba, del mar, de la aviación y del cielo, entre tantas otras. Además, en 1954, con la publicación de *Poemas y antipoemas* de Parra, que evita la verborrea de Neruda, este segundo antipoeta rescata el lugar de Huidobro en el canon poético chileno[26].

Las opiniones de Parra con respecto a Huidobro y los conceptos del antipoeta y de la antipoesía son complejas e incluso algo contradictorias[27]. Una vez Parra confesó que «Fue Vicente Huidobro el que me colgó ese sambenito del antipoemista»[28]. Por otro lado, en la sección LXI de «Also Sprach Altazor» de sus *Discursos de sobremesa*, Parra confiesa que percatarse que Huidobro fue un antipoeta fue sorprendente para él: «Yo tenía entendido / Que el inventor de la antipoesía / Había sido otro», sugiriendo que él mismo la había inventado. Con ironía, esta sección concluye con la advertencia al lector que en cuanto a la antipoesía no se debe

---

26 Nicanor Parra, *Poemas y antipoemas* (Santiago: Nascimento, 1954). Algunos de los subsiguientes volúmenes de Parra, que también desarrollaron el concepto de la antipoesía, son: *Versos de salón* (1962); *Artefactos* (1972); *Sermones y prédicas del Cristo de Elqui* (1977); *Chistes parRa desorientar a la policía* (1983); *Ecopoemas* (1983); y *Discursos de sobremesa* (2006).

27 Rafael Gumucio dice de la contradicción en la obra de Parra que «no es una debilidad sino una fuerza». Vea su «Nicanor Parra o cómo envejecer al revés», en *El País* (3 Sep. 2014).

28 Esta oración apareció originalmente en «Nicanor Parra nos habla un poco de sus anticosas», una entrevista en *El día* de 1986; luego fue reimpresa en un número especial de *The Clinic* dedicado a Parra y su antipoesía. Ver *The Clinic* (21 octubre de 2004): 55.

creer al periódico *El Mercurio*, que «miente», ni a Parra, ni al crítico literario, Ignacio Valente[29]. En el día 10 de enero de 1993, el centenario del nacimiento de Huidobro y casi 40 años después de la publicación de *Poemas y antipoemas*, Parra reconoció ampliamente la influencia del gran Creacionista en su propia antipoesía. En esta ocasión Parra dio un discurso-antipoema de 84 secciones, con el título de «Also Sprach Altazor», un juego de palabras con el título del libro de Nietzsche, *Also Sprach Zarathustra*. Este discurso-antipoema evalúa la contribución de Huidobro a las letras chilenas y a la expresividad, y revela la presencia permanente del primer gran escritor moderno de Chile en la obra de su «discípulo», el término que Parra emplea para describir su relación con «el antipoeta y mago» de la época entre las dos guerras mundiales:

> Que sin el maestro no hubiera sido posible el discípulo
> Prácticamente todo lo aprendí de Huidobro
> Gracias
> Incluidas algunas malas costumbres
> Ésa es la verdad de las cosas
> Las fallas del discípulo no se explican
> Sin las genialidades del maestro[30].

En el año 1840, Alexis de Tocqueville, el perspicaz observador francés, usó la palabra «antipoético» para referirse a la vida mezquina e insípida de los Estados Unidos. A pesar de las connotaciones del término «antipoético», de Tocqueville pudo detectar «algo» en la vida de Estados Unidos que está lleno de poesía y que constituye el nervio escondido

---

29 Nicanor Parra, *Discursos de sobremesa* (Santiago: Ediciones Universidad Diego Portales, 2006), 169.

30 Parra, *Discursos de sobremesa*, la sección III, con el subtítulo de «Quiero dejar en claro», 109.

que da vigor al armazón\[31]. Asimismo de Tocqueville predijo que «Jamás debe esperarse que en los pueblos democráticos la poesía viva de leyendas, que se alimente con tradiciones y antiguos recuerdos, que pretenda volver á poblar el universo de seres sobrenaturales, en que ni los poetas ni los lectores creen...»[32]. Sin embargo, temió

> que la poesía de los pueblos democráticos se muestre tímida, ni que se humille en extremo; pues más bien recelo que se perderá a cada instante en las nubes, acabando por pintar regiones enteramente imaginarias. Temo sí, que las de los poetas democráticos ofrezcan frecuentemente imágenes inmensas é incoherentes, pinturas sobrecargadas, conjuntos extravagantes, y, que los seres fantásticos salidos de su espíritu hagan recordar algunas veces con sentimiento el mundo real[33].

Mientras Huidobro creó un poema con extrañas creaciones —que según él «no es realista sino humano. No es realista, pero se hace realidad»[34]— y Neruda y de Rokha crearon «conjuntos extravagantes», Parra permaneció más apegado a la vida cotidiana en su sátira de nuestras debilidades e hipocresías. Aunque hay bastantes diferencias entre los conceptos antipoéticos y sus prácticas en las obras

---

31   Alexis de Tocqueville, *De la democracia en América*, traducida al español por Leopoldo Borda (Paris: Librería de D. Vicente Salvá, 1842), vol. 2, pág. 148. El párrafo citado, se lee así: «Nada puede concebirse tan pequeño, tan oscuro, tan lleno de miserables intereses, y tan antipoético, en una palabra, como la vida de un hombre en los Estados-Unidos; pero entre los pensamientos que la dirigen se encuentra uno lleno de poesía y que puede mirarse como el nervio que da vigor á todo el resto».

32   Tocqueville, 152.

33   Tocqueville, 157.

34   Huidobro, «Manifiesto tal vez», en *Obra selecta*, 304.

de Huidobro y Parra, existen varios puntos de intersección donde comparten perspectivas y formas de expresión muy similares.

Estudiar los antipoemas de Parra es volver a visitar necesariamente la obra de Huidobro y entender el impacto del «maestro» en el «discípulo». Como partidario de la obra de Huidobro, Parra aprecia su buen sentido del humor y da un ejemplo sacado de un poema de su precursor: «Hay que resucitar las lenguas / Con sonoras risas»[35]. En «Also Sprach Altazor», Parra sugiere que concuerda con Huidobro y declara que «Es un error muy grande / Tomar el mundo en serio / La verdadera seriedad es cómica»[36]. Pero en su antipoesía Parra, el discípulo, es fiel a su propia concepción. En vez de invertir, como Huidobro, la naturaleza y el orden de las palabras y las imágenes (por ejemplo, «Rotundo como el unipacio y el espaverso»)[37], Parra, más a menudo, retrata y satiriza los absurdos de la vida que le ha tocado ver y escuchar:

>   Tumbas que parecéis fuentes de soda ...
>   Dícese que el cadáver es sagrado
>   Pero todos se burlan de los muertos.
>   ¡Con qué objeto los ponen en hileras
>   Como si fueran latas de sardinas![38]

Asimismo, Parra deja en claro en la primera sección de «Also Sprach Altazor» que sin Huidobro la poesía chilena se habría reducido a los sonetos y las odas elementales de

---

35   Huidobro, Canto III de *Altazor*, en *Obra selecta*, 134.

36   Parra, «Also Sprach Altazor», en *Discursos de sobremesa*, 117.

37   Huidobro, Canto IV de *Altazor*, en *Obra selecta*, 144.

38   Parra, «Discurso fúnebre», *Obras completas & algo + (1935-1972)*, vol. 1 (Barcelona: Galaxia Gutenberg, 2006), 137.

Pablo Neruda y los gemidos de Pablo de Rokha. El aporte de estos dos, agrega, no puede compararse con las inversiones de la realidad objetiva de Huidobro. Como físico, Parra disfruta de las paradojas. Más que por la imitación del mundo natural de Neruda y de Rokha, se siente atraído por la imagen de «Un caballo que se va agrandando a medida que se aleja» de Huidobro, como señala en la sección LVIII de «Also Sprach Altazor» donde dice: «Recuerda a ese caballo / Que se agranda a medida que se aleja»[39]. Es probable que, como físico, Parra también se haya interesado por las imágenes creacionistas en *Altazor* y en un poema como «Relatividad de la primavera» con su conjunto de tres imágenes: «Primavera relativa arco de triunfo sobre mis pestañas»[40]. Las paradojas y la relatividad en Huidobro reflejan la influencia de la ciencia del siglo veinte en el creacionismo y en la práctica de la antipoesía de Parra, que de hecho frecuentemente observa el mundo real desde una perspectiva paradojal y relativa.

En una entrevista de 1938, Huidobro declaró que «la poesía contemporánea empieza conmigo»[41]. En 1962, Parra replicó a Huidobro con su propia declaración en *Versos de salón* que señala «la poesía terminó conmigo»[42]. Si Huidobro podía ser juguetón en *Altazor*, donde, por ejemplo,

---

39   Huidobro, Canto IV de *Altazor*, en *Obra selecta*, 141; «Personaje difícil de encasillar el Huidobro,» en Parra, *Discursos de sobremesa*, 165.

40   Huidobro, «Relatividad de la primavera», traducción al español con el original en francés, en *Obra selecta*, 84-85.

41   Citado por David M. Guss, en Introduction, *The Selected Poetry of Vicente Huidobro* (New York: New Directions, 1981), x. Guss no identifica su fuente, y tampoco lo hace James Clifford en su artículo «Las culturas del viaje», en *Revista de Occidente*, No. 170-171 (1995): 45-74.

42   Parra, *Obras completas & algo +(1935-1972)*, 108.

los ríos y las selvas le preguntan «¿Qué tal cómo está Ud.?» Parra entrega respuestas chistosas como en la «Test», dónde a la pregunta «¿Qué es un antipoeta?» responde con una pregunta: «Un poeta que duerme en una silla?»[43]. Además en «Cartas del poeta que duerme en una silla» da otro ejemplo del sentido del humor cuando el hablante dice: «Me da sueño leer mis poesías / Y sin embargo fueron escritas con sangre»[44]. En «Homenaje a Huidobro», Parra evoca otro ejemplo del sentido del humor de su predecesor y alude a su Prefacio a *Altazor*, dónde el hablante señala: «Los cuatro puntos cardinales son tres: el sur y el norte»[45]. La ingeniosa versión de Parra se traslada a la poesía chilena: «Los cuatro grandes poetas de Chile / Son tres», y como los puntos cardinales de Huidobro, Parra menciona solo dos poetas: Rubén Darío, el nicaragüense que vivió brevemente en Chile dónde en 1888 publicó *Azul*, su primer libro y la obra principal del modernismo latinoamericano; y Alonso de Ercilla, el poeta-conquistador que estuvo en Chile en el siglo dieciséis[46].

Si bien Huidobro estaba convencido de que el poeta es un pequeño dios y que la poesía había comenzado con

---

43 Parra, *Obras completas & algo + (1935-1972)*, 196.
44 Parra, *Obras completas* & algo + (1935-1972), 236.
45 Huidobro, «Prefacio» de *Altazor*, en *Obra selecta*, 105.
46 «Homenaje a Huidobro», uno de los «artefactos» de Parra, fue exhibido en una exposición montada en Santiago durante agosto de 2001. No se incluye este artefacto ni en las actas de la exposición, *Ciclo Homenaje en torno a la figura y obra de Nicanor Parra: Coloquio Internacional de escritores y académicos*, publicadas en 2002 por el Ministerio de Educación de Chile, ni en el catálogo de los artefactos de Parra, *Obras públicas* (Santiago: W.R.S. Ediciones, 2006), y tampoco en sus *Obras completas y algo + (1975-2006)*, vol. 2 (Barcelona: Círculo de Lectores/Galaxia Gutenberg, 2011), pero lo menciona Roberto Bolaño en su artículo, «El exilio y la literatura: Discurso en Viena», *Revista Ateneo* (Venezuela) 15 (2001): 43.

él, Parra goza burlándose y desarticulando el concepto del poeta como una figura olímpica, como lo ilustra del poema «Autorretrato»:

> ¿Qué os parece mi cara abofeteada?
> ¡Verdad que inspira lástima mirarme! ...
>
> Observad estas manos
> Y estas mejillas blancas de cadáver,
> Estos escasos pelos que me quedan.
> ¡Estas negras arrugas infernales!
> Sin embargo yo fui tal como ustedes,
> Joven, lleno de bellos ideales...[47]

Es posible que Parra aluda a Huidobro cuando afirma que «Los poetas bajaron del Olimpo», y que en vez de los poetas, «los gusanos son dioses»[48]. Contrariamente a lo que dice Huidobro en *Altazor*, Parra insiste en su visión, en el poema titulado «Manifiesto», del poeta como «un hombre como todos / Un albañil que construye su muro: / Un constructor de puertas y ventanas» y no «un alquimista» (o un mago). Sostiene que «El deber del poeta / Consiste en superar la página en blanco / Dudo que eso sea posible»[49]. Parra nunca es tan optimista como Huidobro. Mientras este último crea su propio mundo y un lenguaje nuevo (como en el Canto VII de *Altazor*), Parra trata de reformar el mundo ya creado, advirtiendo nuestras ilusiones e imprudencias con un lenguaje cotidiano que llama al pan, pan y al vino, vino.

En «Also Sprach Altazor», Parra revela que ha leído cuidadosamente la obra del maestro y que conoce tanto su biografía como las dimensiones legendarias y míticas de su

---

47   Parra, *Obras completas & algo + (1935-1972)*, 24-25.
48   Parra, *Obras completas & algo + (1935-1972)*, 143 y 235.
49   Parra, *Obras completas & algo + (1935-1972)*, 235.

persona. Como lo sugiere en la sección II de su antipoema-discurso, Parra no solo conoce al Huidobro verdadero, sino también sus figuras ficticias: «En particular ese naufrago / Que nos sonríe desde su paracaídas»[50]. Probablemente Parra alude a los siguientes versos de *Altazor*:

> Soy yo Altazor el doble de mí mismo
> El que se mira obrar y se ríe del otro frente a frente
> El que cayó de las alturas de su estrella
> Y viajó veinticinco años
> Colgado al paracaídas de sus propios prejuicios[51]

Aunque «Also Sprach Altazor» propone ser un panegírico a Huidobro y su obra, el antipoema de Parra lleva una nota preliminar que dice «Título del original en inglés», seguido por un título que aparece solamente en español: «HAY QUE CAGAR A HUIDOBRO». En «Also Sprach Altazor», como en casi toda la antipoesía de Parra, la alabanza convive con la parodia. En la sección II de este antipoema, Parra compara a su paisano con el Teniente Bello, el personaje más famoso en la historia aeronáutica de Chile. Altazor, según el antipoema de Parra, fue uno de las «cantidades» de Huidobro («Tantos como géneros literarios»), y «un precursor» del Teniente Bello, un aviador que se extravió en la

---

50   Parra, *Discursos de sobremesa*, 108. El subtítulo de *Altazor* es *o El viaje en paracaídas*. Naufragios hay varios en el poema; por ejemplo: «A través de todas las almas de todos los anhelos y todos los naufragios», «Dadme la llave del naufragio … O dadme un bello naufragio verde», «Y caí de naufragio de horizonte en horizonte», «Más triste que el mar después de un naufragio?» «A la sombra de un árbol naufragando» y «El mar se abrirá para dejar salir los primeros náufragos» (*Obra selecta*, 109, 116, 145, 146, 157 y 158).

51   Huidobro, Canto I, *Obra selecta*, 111.

niebla y cuyo cuerpo nunca fue encontrado[52]. En sección IV de «Also Sprach Altazor», Parra ofrece en sorna una lista de las cualidades y hazañas sobresalientes de Huidobro: esposo, confidente, raptor, antinovio, galán absoluto, «El mejor cocinero del planeta / El campeón de los 100 metros planos / El primer metafísico del Mapocho / El que dejó callado a Pablo de Rokha / Hazaña mayor imposible», y luego de un espacio termina con otra alusión al Teniente Bello y añade el último logro: «El aviador extraviado en la niebla»[53].

Fiel a su procedimiento antipoético de abordar las dos aristas de cualquier tema —sea social, político, religioso,

---

52 La historia del Teniente Bello se encuentra en el libro de Francisco Mouat, *Chilenos de raza* (Santiago: El Mercurio Aguilar, 2004), páginas 103-129. En la página 124, Mouat cuenta que en 1913 el Teniente Bello viajó a Francia, «donde obtuvo licencia de piloto», y luego de su regreso a Chile, «debío validar su curso». Después, en el 9 de marzo de 1914, el Teniente «debió rendir su examen junto a otros tres pilotos (…). [F]ue un día de mucha niebla, de mucho viento, y que el raid que debían cumplir era Lo Espejo-Culitrín-Cartagena-Lo Espejo. Tenían dos días para terminarlo. Finalmente, en el trayecto entre Culitrín y Cartagena [donde ahora está la tumba de Huidobro] el Teniente Bello se pierde». Mouat recuerda en la página 122 «la chacota» que se había desarrollado después de la desaparición del piloto y que llegaría a ser una expresión muy popular para describir a alguien que andaba perdido: «*está más perdido que el Teniente Bello*». En la tumba de Huidobro en Cartagena destaca un mural con una imagen de un molino, como el del poeta en el Canto V de *Altazor*, que produce palabras, imágenes y emociones. Además del molino, hay una inscripción de este verso del Canto V de *Altazor*: «Se abre la tumba y al fondo se ve el mar» (Huidobro, *Obra selecta*, pág. 148). Referencias a la aviación se difunden a lo largo de *Altazor*; por ejemplo, estos dos versos contienen imágenes y temas claves: «Y el avión trae un lenguaje diferente / Para la boca de los cielos de siempre» (Canto III, *Obra selecta*, pág. 131).

53 Parra, *Discursos de sobremesa*, 110.

filosófico o literario— Parra puede dar con una mano y tomar con la otra. En la sección III de «Also Sprach Altazor», como ya señalé, Parra confiesa que como poeta él aprendió prácticamente todo de Huidobro, «incluidas algunas malas costumbres»[54]. Una costumbre que Parra adquirió de Huidobro y, no necesariamente mala, es su inclinación a escribir sobre los ataúdes. En su libro *Vientos contrarios* de 1926, Huidobro comenta que los ataúdes «debieran tener remos: como que son las barcas del Leteo»[55]. Entre los incontables «artefactos» de Parra —los objetos encontrados que ha alterado levemente al situarlos en contextos contradictorios o irónicos y añadir textos antipoéticos— están los tres ataúdes en *Obras públicas* (2006)[56]. A un ataúd de madera pintado café marrón y con una cruz en la tapa, que reposa en una camilla con ruedas, Parra agrega una hélice «como si fuera una barca de motor»; a otro exhibido de pie y abierto se le colocó «una rueda-manivela en su interior con la siguiente inscripción: "En caso de resurrección haga girar la tapa del ataúd en sentido contrario a los punteros del reloj. Éste es un ataúd automático"»[57]. Si bien Parra se apropió de la idea de los ataúdes con remos de Huidobro y la plasmó en sus artefactos-ataúdes, el primero sobrepasó la creación de su maestro en sus antipoemas. Presentados desde varias pers-

---

54   Parra, *Discursos de sobremesa*, 109.

55   Huidobro, *Obras completas de Vicente Huidobro*, Prólogo de Hugo Montes (Santiago: Editorial Andrés Bello, 1976), Tomo I, 847.

56   Parra, *Obras públicas*, sin enumeración.

57   Ibid., de «La subversión del objeto», una reseña de la exhibición que sirve como prefacio al catálogo, *Obras públicas*, escrito por Juan Antonio Ramírez y originalmente publicado el 12 de mayo de 2001 en *Diario El País* debajo del título «Sombras breves» (30).

pectivas, los antipoemas de Parra que tratan de ataúdes incluyen uno que transforma a un ataúd en hablante lírico. En «Memorias de un ataúd», después de informar al lector que había nacido en «una estupenda carpintería» y que «desde chico fui juguetón / me gustaba reírme de las urnas / me parecían demasiado solemnes», el hablante describe como lo mandaron a cambiar

>en un aparato con ruedas
>impulsado por un motor a bencina
>experiencia que no olvidaré jamás
>puesto que de una plumada
>mi vida cambió en 180°
>pasé de la inmovilidad absoluta
>a un estado de movimiento perpetuo
>hasta que llegamos a una casa particular
>donde fui depositado sobre una mesa de comedor

Como ocurre a menudo con Parra, el poema culmina con ironía: después de estar enterrado «con todas las precauciones del caso … bajo una tonelada de flores» el ataúd se encuentra en «espera de nuevos acontecimientos»[58].

En la sección VI de «Also Sprach Altazor», titulada «Comillas», Parra le da la palabra a Huidobro, quien manifiesta:

>Talento poético nulo
>Mi único mérito consiste
>En saber reconocer mis errores
>En algo sí que soy intransigente:
>La poesía contemporánea comienza conmigo
>Además, «Huidobro» nos informa que ha publicado
>>múltiples poesías

---

58   Parra, *Obras completas y algo + (1975-2006)*, vol. 2, 225-227.

En revistas chilenas y extranjeras
A plena satisfacción de los amigos lectores
Y a plena satisfacción de la crítica + exigente
Que la verdad no quede sin ser dicha[59]

En la sección VII, titulada «¿Loco? No sé de qué se escandalizan tanto», Parra argumenta que es mejor ser loco que cuerdo, porque «los señores cuerdos y sensatos / Nos amargan la vida con sus guerras / Con sus idilios sus ecuaciones». Concluye este fragmento con una alabanza a Huidobro como «el Santísimo» que fue «Mil veces malo de la cabeza», exclamando «¡qué profesor o padre de la patria!»[60]. En la sección VIII, titulada «Nada de transacciones académicas», Parra cuenta con ironía que Huidobro, el único «poeta / Propiamente tal en el mundo», se atrevió a enmendar nada menos que un verso de Homero y cambió «Las nubes se alejan como un rebaño de ovejas» por «Las nubes se alejan balando». Termina esta sección con «paré que tenía razón»[61]. Si bien en la sección VII la alabanza a Huidobro es justificada y bien merecida, la idea de corregir a Homero deja la impresión que, aunque el discípulo admite que la enmienda del Creacionista sí que mejoró la obra del gran Homero, se burla del maestro presumido. En cada sección de «Also Sprach Altazor» se entrelazan la burla y la alabanza, algo frecuente en la antipoesía parriana que siempre intenta decir la verdad, incluso cuando se trata del maestro.

La sección IX nomina a Huidobro, «dueño de casa» y «ganador» de un supuesto concurso para seleccionar al mejor poeta de Chile. El segundo lugar lo obtiene el «desierto» y el tercero Braulio Apenas, «Un expoeta joven de la

---

59   Parra, *Discursos de sobremesa*, 112.
60   Parra, *Discursos de sobremesa*, 113.
61   Parra, *Discursos de sobremesa*, 114.

época». Arenas, el verdadero apellido del fundador de la revista surrealista *Mandrágora*, ha sido cambiado por Parra de propósito[62]. Como el desierto está cubierto de Arena, Parra sugiere que Huidobro estaba compitiendo con dos contendores vacíos o sin vida. Para recalcar esta idea juega con la palabra «apenas», lo que puede significar que Braulio casi no alcanza al último lugar. Si el concurso era para definir al mejor poeta de Chile, ni Neruda ni de Rokha tuvieron esperanzas de ganar o, por lo menos, ninguno figuró entre los finalistas. De nuevo, en la sección X, titulada «Altazor», el discípulo parodia al maestro cuando dice de *Altazor*, su obra principal, que es «Un poema que empieza varias veces / Y no termina nunca de empezar». La sección concluye con las contradictorias opiniones de los críticos que califican al poema como: «Una majestuosa catedral inconclusa / La obra gruesa de una catedral»[63].

La sección XII explora el multifacético progresismo de Huidobro y parece aprobar su ductilidad política. El discurso de Parra no toma partido con ninguna ideología y en su crítica de la política también convergen la burla y la alabanza. Después de haber honrado a Lenin en un poema, Huidobro cambió radicalmente de opinión y manifestó que con el comunismo «no iba la cosa». Esta media vuelta demuestra su «Lucidez y presencia de ánimo»[64]. En la sección

---

62 Parra, *Discursos de sobremesa*, 115.
63 Parra, *Discursos de sobremesa*, 116.
64 Parra, *Discursos de sobremesa*, 118. El poema de Huidobro a que Parra alude es «Elegía a la muerte de Lenin (1924)», recogido en *Antología de poesía chilena nueva*, compilada por Eduardo Anguita y Volodia Teitelboim (Santiago: Zig-Zag, 1935). El poema termina con una idea de que aparentemente preocupó a Huidobro: «Desde hoy nuestro deber es defenderte de ser dios». Otro verso que habla desde punto de vista de Lenin contiene una idea totalmente opuesta a la filosofía de Parra: «Tu

XIII, centrada nuevamente en el tema del comunismo, el antipoeta comienza señalando que «Quien haya estudiado a fondo / El mundo actual / No puede dejar de hacerse comunista», para luego contradecirse:

> Quien haya estudiado a fondo
> El partido comunista
> No puede dejar de hacerse anarquista
>
> Believe me
> No ser idealista a los 20
> Es no tener corazón
>   Seguir siéndolo a los cuarenta
> Es no tener cabeza[65]

El discípulo defiende el brusco giro de Huidobro y a la vez se mofa de Neruda y de Rokha, dos comunistas acérrimos. Celebra así en esta sección a Huidobro por haber tenido, a diferencia de sus adversarios, corazón y cabeza.

En la sección XX, Parra relata que Huidobro promovió una operación anti Neruda a nivel internacional que el antipoeta sancionará con todo su poder «Que es muy grande / En la cabeza del señor Huidobro!»[66]. En vez de atacar a Huidobro en la sección XXI, Parra gira en 180° y se ríe de Neruda usando una metáfora relacionada con el boxeo sin guantes que deja entrever que este no osaba a pelear con Huidobro «a puño limpio»[67]. La analogía del pugilato continúa en la sección XXIII con una alusión al libro *La guerrilla literaria: Huidobro, de Rokha, Neruda*, en el cual la periodista

---

    clarín no permite que haya disidentes» (Huidobro, *Obra selecta*, 244-247).

65   Parra, *Discursos de sobremesa*, 119.

66   Parra, *Discursos de sobremesa*, 126.

67   Parra, *Discursos de sobremesa*, 127.

Faride Zerán describe la rivalidad que carcomió la relación entre estos tres poetas[68]. Aparentemente Parra piensa que Huidobro sacó el mejor partido de ambos contrincantes. Como señala el poema, en una ocasión Huidobro fustigó a sus oponentes con una aguda reacción a la acusación de que descendía de un mercader de esclavos. Replicó que era preferible tener ese linaje en vez de ser, como Neruda y de Rokha, vástago de los esclavos de su abuelo[69].

La sección XXIV continúa con la guerra de descalificaciones que marcó la relación Huidobro–Neruda. Cuando Neruda declaró públicamente que no podía entender como un aristócrata como Huidobro pudiera escribir poesía, «el gran Huidobro retrucó» que para él era difícil comprender que para escribir poesía «Se tenga que ser hijo de ferroviario» como Neruda[70]. En la sección XXVII, titulada «Pseudónimo», Huidobro añade que no tiene «nada que ocultar» en su linaje, que nunca ha cambiado su nombre como «los sospechosos» y que además desciende «directamente del Cid»[71]. Cuando Neruda embiste a Huidobro arguyendo que su poe-

---

68   Faride Zerán, *La guerrilla literaria: Huidobro, de Rokha, Neruda* (Santiago: Ediciones Bat, 1992).

69   Parra, *Discursos de sobremesa*, 129.

70   Parra, *Discursos de sobremesa*, 130.

71   Parra, *Discursos de sobremesa*, 133. En una nota a una carta de Huidobro al actor Douglas Fairbanks, escrita en 1928 e incluida como prefacio a su novela, *Mío Cid Campeador*, el poeta traza su linaje maternal desde Alfonso X el Sabio, «que como todos saben era tataranieto del Cid», hasta su abuelo, Domingo Fernández Concha. Huidobro comenta que «Me sentí nieto del Cid, me vi sentado en sus rodillas y acariciando esa noble barba tan crecida que nadie se atrevió a tocar jamás. Si mi abuelo era o no descendiente de reyes no lo sé ni me importa. Lo que sí puedo afirmar es que nunca he encontrado un hombre con más porte y ademanes de rey que él» (*Obras completas de Vicente Huidobro*, Tomo II, 11).

sía es demasiado cerebral, Huidobro replica: «No me pidan que escriba con los pies… / El rigor verdadero reside en la cabeza». La sección termina sugiriendo que este pugilato es también un conflicto de clases: «Que Neruda se haga cargo de las empleadas domésticas // Ésta es una poesía para príncipes»[72].

Parra evoca luego al Huidobro de la década de 1920, envuelto en la eclosión vanguardista. En la sección XXX, Huidobro, el «Poète français / Né au Chili», como se llamará en la sección XXXII, informa a la «Madrenaturaleza» que no es dadaísta, surrealista, futurista, mundonovista, masoquista ni social realista sino

> Creacionista mujer x Dios
> El poeta es un pequeño Dios
> Un pequeño demonio
> ce'est la même chose[73]

Huidobro explica a la Madrenaturaleza que no tiene «nada contra ti / Eres una viejita encantadora», pero quiere crear sus propios ríos, árboles y volcanes, «Tal como tú pariste los tuyos». Declara que lo siente mucho, que es su hijo y le ruega que ella no se enoje. Parra aborda el creacionismo desde la ironía característica del antipoeta y redefine al poeta. Ya no es un creador, sino un destructor. En las secciones XXXIV y XXXVI intensifica la sátira a la práctica creacionista e incluye una despedida al

> … pasado remoto
> Fin a la mímesis
> A la catarsis
> A la capacidad negativa

---

72 Parra, *Discursos de sobremesa*, 135.
73 Parra, *Discursos de sobremesa*, 138 y 136.

> Al espejo que se pasea por el paisaje
> Goodbye to ALL THAT
>
> Ahora viene el Creacionismo
> O poesía propiamente tal
>
> Huifa!⁷⁴

El título de la sección XXX es «Renunciar a la métrica y a la rima», y en sus versos Parra añade, entre otros aspectos del Creacionismo de Huidobro, «Reemplazar la cámara fotográfica x la caleidoscopio», «Hacer subir una vaca x arco iris» y

> Publicar los poemas
> En rollos de papel higiénico
> Por supuesto sras & sres
> Ediciones biodegradables

Después Parra exclama «Sensacional / genial / elefantástico!»; su entusiasmo es irónico y, por cierto, una espada de doble filo, ya que su antipoesía apoya al ecologismo,

---

74   Parra, *Discursos de sobremesa*, 140. «Capacidad negativa» alude a John Keats, el poeta inglés que llegó a ser lo que él percibió. «Goodbye to ALL THAT» se refiere al título de una memoria de la primera guerra mundial de Robert Graves, el escritor inglés. A pesar que Parra piensa que Huidobro rechazó la capacidad negativa, hay varios ejemplos en *Altazor* donde Huidobro adopta una postura similar a la de Keats, especialmente en el Canto V: «Y tengo una experiencia de mariposa milenaria»; «Y he aquí que ahora me diluyo en múltiples cosas / soy luciérnaga y voy iluminando las ramas de la selva»; Ahora soy rosal y hablo con lenguaje de rosal»; «Y luego soy pájaro / Y me disputo el día en gorjeos» (*Obra selecta*, páginas 156-158). En «La poesía es un atentado celeste», Huidobro dice «Yo estoy en otros objetos»; «Me voy adentrando en estas plantas»; y «Me estoy haciendo árbol. Cuántas veces me he ido convirtiendo en otras cosas… / Es doloroso y lleno de ternura» (Huidobro, *Obra selecta*, 221).

como se observa en otras secciones de «Also Sprach Altazor». Pero esta sección va más al grano cuando plantea derechamente «no nos vengan con que eso es poesía»[75].

Parra parece siempre empeñado en afinar la definición de antipoesía. En la sección XXXVII de «Also Sprach Altazor» responde a la pregunta «¿Qué es poesía?» con: «Todo lo que nos une es poesía» y «Sólo la prosa puede separarnos». Después afirma que «Antipoesía eres tú» en alusión irónica al poema XXI de las *Rimas* del poeta español, Gustavo Adolfo Bécquer (1836-1870), cuyo último verso responde a la misma pregunta con la aseveración: «La poesía eres tú». La sección XXXVII se relaciona con la XXXVIII, titulada «Para complicar otro poco las cosas», en tanto que ambas abordan la influencia de la tradición poética en las generaciones posteriores, como revela la apropiación que hace Parra de la pregunta y respuesta de Bécquer para sus propios propósitos. En la sección XXXVIII Parra sostiene que en términos poéticos Huidobro no era tan revolucionario como quería hacernos creer. Había un Huidobro «convencional / Admirador sincero / De un Modernismo de 2° orden». Evidencia de este apego a la tradición es su afán de promover a Pedro Antonio González (1863-1903) como él poeta de Chile, «¡Como si nunca hubieran existidos!» los poetas Manuel Magallanes (1878-1924) y Carlos Pezoa Véliz (1879-1908), autor predilecto del antipoeta.

En la sección XLII, Parra vuelve a referirse al conflicto entre Huidobro y Neruda y Pablo de Rokha. En 1935, según Parra, de Rokha había perdido «de antemano» simplemente porque «no sabía con qué chicha / se estaba curando», o sea, de Rokha nunca entendió que era imposible derrotar a Huidobro. La analogía entre la chicha, bebida alcohólica,

---

75   Parra, *Discursos de sobremesa*, 142.

y un de Rokha ebrio o loco por querer enfrentar a Huidobro es otra de las imágenes derivadas del vernáculo chileno que sugiere con sentido del humor lo difícil que es emprenderla contra un Huidobro que se defiende con astucia. En gran parte de las secciones dedicadas al homenaje a Huidobro, Parra defiende al creacionista de sus enemigos y detractores, sobre todo de Neruda y de Rokha[76]. Sin embargo, en la sección XLIII, titulada «Los 3», Parra observa que ninguno de los tres poetas vivió de acuerdo a los principios que sugería su admiración incondicional por Rimbaud: «Cuál de los 3 se hizo el harakiri / Cuál de los tres dejó de escribir a los 20 // Yo comienzo a leer a los 80»[77]. Nunca pierde Parra la oportunidad de burlarse de los otros poetas.

En la sección L, Parra menciona las posiciones divergentes respecto a quien es el mejor poeta del Mundo Nuevo. Muchos críticos «sitúan» al autor de *Altazor* «x encima de todos»; otros consideran a Pound, Whitman, Vallejo o Drummond de Andrade los más sobresalientes, «Para no mencionar a los nerudianos / Que fueron siempre los más poderosos / El oro de Moscú pues». Gabriela Mistral permanece un «Insondable misterio». En cuanto al modernismo preconizado por los candidatos, Parra observa que «sigue en el poder», aunque «ya se desintegró / Como manera de pensar el mundo»[78]. Parra deja entrever que sólo la «práctica antipoética» se mantiene vigente y en la sección LI, titulada «1993», declara:

---

76   Parra, *Discursos de sobremesa*, 148. En el segundo volumen de *Obras completas y algo +,* las notas sugieren que de Rokha y Huidobro, «a pesar de sus polémicas, fueron durante gran parte de su vida buenos amigos» (1096).

77   Parra, *Discursos de sobremesa*, 149.

78   Parra, *Discursos de sobremesa*, 157.

A pocos metros del Tercer Milenio
...

Una de las pocas cosas
Que podemos decir a ciencia cierta
Es que los años pasan a favor de Huidobro
Se le celebran todas sus humoradas
Y él nos perdona todas nuestras dudas[79]

Una vez más el impacto de Huidobro, precursor de la antipoesía, permanece por lo menos en la obra de Parra.

Otra razón por la cual Huidobro es crucial en el pensamiento de Parra es su preocupación ecológica. No sorprende entonces que en la sección LV el discípulo exija sus lectores que vuelvan a leer en el Canto I de *Altazor* los «Versículos 469-489». Los versos precisos a que Parra alude revelan la visión profética de Huidobro con respecto a la tecnología: destrucción del planeta («Y las máquinas mataron el último animal»; «¿Quién se preocupa de tu planeta?»), sobrepoblación («ciudades grandes como un país») y reducción del hombre a una hormiga, «una cifra». En *Altazor* Huidobro avizora las «gigantescas ciudades del porvenir» y a la humanidad luchando por la supervivencia y sembrando jardines con tomates y repollos, y plantando árboles frutales en los parques y en todos los caminos. Con desazón Huidobro exclama «Ah la hermosa vida que preparan las fábricas»[80]. En la sección LVI, Parra ahonda en la temática ecológica arguyendo:

El error consistió
En creer que la tierra era nuestra
Cuando la realidad de las cosas

---

79   Parra, *Discursos de sobremesa*, 158.
80   Huidobro, *Obra selecta*, 120-121.

Es que nosotros somos
>   de
>   ... la
>   tierra[81]

Además de ser el precursor de la antipoesía, Huidobro también se anticipó al desastre ecológico y la extinción y depredación de especies que hoy afecta al planeta. Según Parra. la obra de Huidobro debe ser leída y estudiada no sólo por sus preocupaciones ambientales, sino que también, como lo afirma en la sección LXXX, porque Huidobro es «un autor imprescindible / En la bibliografía de todo poeta joven / Y de todo lector que se respete»[82]. Más adelante en la sección LXXXII, Parra asevera que fue Huidobro quien puso «la primera piedra / Y también la antepenúltima / De ese edificio llamado Poesía Chilena Nueva», sugiriendo que él mismo ha colocado la última piedra. Recalca que Huidobro puso su piedra antes que Neftalí Reyes cambiara su nombre. Huidobro «bajó de su torre marfil» y «dijo nones / A toda forma de tontalitarismo // Que lo diga el teléfono de Hitler»[83]. Parra observa con indignación en la sección LVIII que no se ha erigido ni una sola estatua al Creacionista y su obra no es accesible a los lectores en «Ediciones populares». Parra increpa al Sr. Presidente de la Sociedad de Escritores de Chile: «Cómo se explica ... Que no le den el Premio Nacional / So pretexto de que está muerto! // Ojalá los amigos sepultureros / Estuvieran tan vivo como él»[84]. Con sorna Parra se desahoga ante tanta injusticia recordando a sus lectores

---

81 Parra, «Also Sprach Altazor», *Discursos de sobremesa*, 163.
82 Parra, *Discursos de sobremesa*, 189.
83 Parra, *Discursos de sobremesa*, 191. Parra recuerda que Huidobro contaba que se había apropiado del teléfono de Hitler.
84 Parra, *Discursos de sobremesa*, 165.

que Huidobro nunca recibió el Premio Nobel y ni siquiera el Premio Municipal: «Y todavía hay gente que cree en los premios!»[85]. En su homenaje a Huidobro, Parra marca claramente su preferencia por el Creacionista ante cualquier otro contendor por el título del mejor poeta chileno. En la sección LXXIX Parra opina que Huidobro es «Uno de los pocos poetas chilenos / Que se deja leer de corrido», mientras que «Con la gran mayoría de los plumíferos … // Hay que leer de atrás para adelante / De lo contrario no sucede mucho»[86].

En varias de las últimas secciones de «Also Sprach Altazor», el antipoeta aborda la muerte del maestro con su tradicional tono burlesco. La sección LXXI alude al relato de Enrique Lafourcade acerca de la muerte de Huidobro causada por un infarto: «Se produjo x no pagar un taxi / De la estación a su casa / Que está en la punta del cerro»[87]. Siguiendo con este tema, en la sección LXIII Parra imagina a Huidobro cargado «como burro con sus maletas / A mediodía bajo un sol infernal» en un día de enero de 1948. Expresamente para mofarse del maestro añade que caminaba bajo el sol «De cuello y corbata / De terno gris y de sombrero negro»[88]. En la sección anterior nos había recordado las edades a las cuales los poetas chilenos habían muerto. Huidobro fue el más joven a los 55, seguido de Enrique Lihn a los 58, Mistral a los 68 y Neruda a los 69. Concluye este recuento con la moraleja: «Los inmortales no llegan a los 70». Termina la sección LXIII preguntándose qué habría sucedido si Huidobro no hubiera muerto tan tempranamente y especulando que «Pólvora le quedaba para rato». Lamenta aludiendo a

---

85   Parra, *Discursos de sobremesa*, 166.
86   Parra, *Discursos de sobremesa*, 188.
87   Parra, *Discursos de sobremesa*, 179.
88   Parra, *Discursos de sobremesa*, 181.

Caronte, el barquero de Hades en la mitología griega, que «El reloj de Caronte se adelanta + de la cuenta»[89]. En esta misma sección, Parra rememora a Huidobro como un espíritu vital y observa que desde el balcón de su casa en Las Cruces, a través de la bahía de Cartagena, avizora la tumba del maestro y puede percibir «Las señales eléctricas del poeta // Amanece y se pone con el sol»[90]. Es posible que Parra esté haciendo una alusión al Canto I de *Altazor*: «El sol nace en mi ojo derecho y se pone en mi ojo izquierdo»[91]. Sin duda el homenaje inequívoco al maestro se despliega en la última sección del poema (LXXXIV) dónde Parra cita los primeros versos de «Monumento al mar», un poema de la colección Últimos poemas, obra póstuma de Huidobro publicado en 1948.

Mediante un característico cambio de palabra, Parra concluye su elogio paródico de Huidobro con los primeros versos de «Monumento al mar»:

> Paz sobre la constelación de las aguas
> Entrechocadas como los hombros de la multitud
> Paz en el mar a las olas de buena voluntad
> Paz sobre la lápida de los naufragios
> Paz sobre los tambores del orgullo y las pupilas tenebrosas
> Y si yo soy el traiductor de las olas
> Paz también sobre mí[92]

---

89   Parra, *Discursos de sobremesa*, 170.

90   Parra, *Discursos de sobremesa*, 171.

91   Huidobro, *Obra selecta*, 118.

92   Parra, «Also Sprach Altazor», *Discursos de sobremesa*, 193; Huidobro, *Obra selecta*, 223. El cambio de «traductor» a «traiductor» no aparece ni en la edición impresa de *Discursos de sobremesa* ni en *Obras completas y algo +*, pero Parra sí mismo añadió la «i» a «traductor» en mi copia personal de los *Discursos*. Es

Alterando la palabra traductor y tornando la actividad de traducción en traición, Parra termina su homenaje a Huidobro. Quizás el discípulo quiere que no olvidemos que él es el más antipoético de los poetas. Sin embargo, Huidobro en *Altazor* demuestra que también es un maestro del juego e invención de palabras. Refunde horizonte y montaña y crea «horitaña» y «montazonte», o violoncelo y golondrina como «violondrina» y «goloncelo»[93].

En «Also Sprach Altazor», Nicanor Parra celebra al Nietzsche latinoamericano, al que ha transformado y redefinido los límites de la poesía. Al mismo tiempo que satiriza a su compatriota y precursor de la antipoesía, es evidente que se ha compenetrado de la obra del maestro y encontrado en versos específicos de *Altazor*, fragmentos de su Prefacio, poemas y otros textos en prosa ejemplos de ingenio, inteligencia y osadía que conciben al poeta como audaz explorador y constructor de mundos nuevos. La teoría parriana del lenguaje poético se ancla en la antipoesía de Huidobro y rechaza de plano la retórica nerudiana con sus extensos catálogos de la flora y fauna, imaginaria terrenal y letanías románticas casi siempre desprovistas de humor. «Also Sprach Altazor» no solo es un homenaje al precursor irónico e iconoclasta de la poesía, sino un retorno de Parra a las raíces de su propia escritura irreverente, ingeniosa e intencionalmente corrosiva que tanto debe al maestro que puso la primera piedra, para que el discípulo pusiera la última, de la rica y centenaria

---

posible que se olvidara del cambio cuando preparó sus *Obras completas y algo +*, o que decidiera no hacerlo. Sin embargo, en la sección XVIII del «Discurso del Bío Bío», el antipoeta ha cambiado la misma palabra «traductor» a «tra(i)ductor» en la frase «traductor de Hamlet» (215). En mi propia copia de *Discursos de sobremesa,* Parra no puso la «i» en paréntesis.

93   Huidobro, *Obra selecta*, 139.

tradición antipoética chilena que sigue fascinando a lectores en las Américas y otros continentes.

Traducción de Irene Rostagno, Universidad Metropolitana

EL ANTIPOEMA COMO PRÉDICA CERVANTINA

Hamlet de Shakespeare y *Don Quijote* de Cervantes son indudablemente las dos obras literarias más estimadas e influyentes en sus respectivos idiomas[94]. El comentario sobre *Hamlet* en *Ulises* de James Joyce demuestra la influencia de dicho drama en el Modernismo, mientras que en la tradición de la post segunda guerra mundial de *Esperando a Godot* de Samuel Beckett, Tom Stoppard, para su *Rosencrantz y Guildenstern han muerto* de 1966, se apropia de los dos compañeros de escuela de Hamlet que «a menudo dan un traspié en verdades profundamente filosóficas por medio de sus divagaciones disparatadas», igual que Vladimir y Estragón en la tragicomedia de Beckett[95]. Los dos personajes de Cervantes, Don Quijote y Sancho Panza, son comparables con Rosencrantz y Guildenstern de Stoppard (o viceversa), en el sentido de que ellos son las dos mitades de un solo

---

[94] «El antipoema como prédica cervantina», *El sol de los talleres: Estudios en homenaje a Stanislav Zimic,* ed. María Ángeles Fernández Cifuentes (Newark, Delaware: Juan de la Cuesta, 2014), 189-200.

[95] http://en.wikipedia.org/wiki/Rosencrantz_and_Guildenstern_Are_Dead.fromSynopsis.

hombre y representan el idealismo y el realismo que existe dentro de algunos o quizás todos los seres humanos. En el drama de Stoppard, Rosencrantz y Guildenstern poseen roles intercambiables, y a veces Don Quijote y Sancho Panza toman uno el papel del otro, cuando cada uno en su manera enloquecida revela al lector algunas verdades profundamente filosóficas. Mientras tanto, el argentino Jorge Luis Borges, en su cuento «Pierre Menard, autor del Quijote», rinde homenaje a la modernidad de la novela de Cervantes a través del protagonista del título quien vuelve a «escribir» la obra. El texto de *Don Quijote* de Pierre Menard, aunque es exactamente el mismo que el original palabra por palabra, resulta «más sutil» y «casi infinitamente más rico» en virtud de haber sido compuesto después de «trescientos años, cargados de complejísimos hechos»[96]. Otro autor latinoamericano del siglo veinte es el antipoeta chileno, Nicanor Parra, que recibió en 2012 el Premio Cervantes del gobierno español por ser un «raro inventor» y un «colega» de Miguel de Cervantes[97]. Parra ha incorporado ciertos aspectos de *Don Quijote* y también de *Hamlet* en su antipoesía, la cual es juguetona y seria al mismo tiempo, para explorar y comentar sobre la vida de nuestra época contemporánea.

---

96 Jorge Luis Borges, «Pierre Menard, autor del Quijote», en *Borges: sus mejores páginas*, ed. Miguel Enguídanos (Englewood Cliffs, N.J.: Prentice-Hall, 1970), 57-58.

97 «Entregan en ausencia el premio Cervantes al chileno Nicanor Parra», http://www.thisischile.cl/entregan-en-ausencia-el-premio-cervantes-al-chileno-nicanor-parra/, lunes 23 de abril de 2012: «Por su parte, el príncipe Felipe de Asturias aseguró que Miguel de Cervantes vería en el chileno 'un espíritu afín, un poeta desnudo de adornos, con atuendo de vecino de Chillán' y celebraría el reconocimiento dándole la bienvenida como 'colega' y 'raro inventor'».

Para incorporar *Hamlet* y *Don Quijote* en su antipoesía, Parra ha empleado o reclutado al bardo inglés y al novelista español como cómplices en su criticar los absurdos o, como reza el título de uno de sus tempranos antipoemas, «Los vicios del mundo moderno»[98]. Hablando biográficamente, los dos escritores del siglo dieciséis comparten el mismo año de defunción, 1616. Shakespeare murió el 23 de abril y Cervantes, el día anterior, el 22 del mismo mes. Además de esta relación cronológica, hay algunos aspectos del drama del inglés y de la novela del español, y también de sus protagonistas, que las dos obras tienen en común, en particular los personajes antagónicos de Cervantes, Don Quijote y Sancho Panza, los cuales para el antipoeta son representativos o emblemáticos de perspectivas valiosas respecto de temas críticos de nuestros días, y por eso han influido, hasta cierto punto, la creación del antipoema.

En 1993, en el día del nacimiento, que es el mismo de la muerte de Shakespeare, Parra recitó en Santiago su antipoema-discurso, *Happy Birthday* (Discurso del Caupólican), uno de sus cinco *Discursos de sobremesa*. En la sección XIV de *Happy Birthday*, titulada «Existe», Parra declara que Shakespeare es el Cervantes inglés y Cervantes es el Shakespeare español, «El mismo hombre con distintos nombres»[99].

---

[98] Nicanor Parra, «Los vicios del mundo moderno», en *Obras completas & algo + (1935-1972)*, Vol. I (Barcelona, España: Círculo de Lectores, S.A. / Galaxia Gutenberg, 2006), 55.

[99] Parra, *Obras completas & algo + (1975-2006)*, Vol. II (Barcelona, España: Círculo de Lectores, S.A. / Galaxia Gutenberg, 2011), 624. *Happy Birthday* (Discurso de Caupolicán) es uno de los cinco antipoemas-discursos que conforman *Discursos de sobremesa* (Santiago: Universidad Diego Portales, 2006); los otro cuatro antipoemas-discursos son: *Mai mai peñi* (Discurso de Guadalajara), *Also Sprach Altazor* (Discurso de Cartagena), *Discurso del Bío Bío* y *Aunque no vengo preparado*. De aquí en

El mismo Parra ha relatado que su lectura de Shakespeare empezó en serio durante sus dos años en Inglaterra, 1949-1951, cuando fue becado por el Consejo Británico para estudiar física en la Universidad de Oxford[100]. Cuando leyó Parra por primera vez la novela de Cervantes al parecer no está documentado. Según un reportero, poco después de la publicación de su *Poemas y antipoemas*, Parra volvió a *Don Quijote*, pero no pudo leer más que un verso que aparecía en la tapa de la novela, una frase del libro de Job en latín: «Post tenebras spero lucem» (Después de las tinieblas espero la luz)[101]. Típico de la tendencia del antipoeta de tratar imparcialmente con cualquier tema, la sección XXXV de su antipoema-discurso *Mai mai peñi*, sobre el escritor mexicano Juan Rulfo, concluye con «A los 77 años de edad / He visto la luz / + que la luz he visto las tinieblas»[102]. En 1962, en su «Discurso de bienvenida en honor de Pablo Neruda», Parra declaró que su «postulado fundamental proclama que la verdadera seriedad es cómica», y él repite su frase final, «la verdadera seriedad es cómica», en la conclusión de su poema-lista que incluye «La seriedad del autor del Quijote»[103].

---

adelante, citadas como *Obras completas*, vol. 1 o 2.

100   En *Obras completas,* vol. 1, una cronología documenta la estadía de Parra en Inglaterra cuando leía «a los poetas metafísicos ingleses, a William Blake, a Pound, a Eliot, entre otros». A menudo el antipoeta ha contado la historia de su descubrimiento de Shakespeare durante ese período en Oxford como becario de física y de su interés en la poesía del Bardo, que superó al de la materia de sus estudios. Véase página cxxxviii.

101   Roberto Careaga, «Nicanor Parra: 'Nunca entendimos el *Quijote*'», *La Tercera*, 21 de abril de 2012 (Cultura & Entretención): 92.

102   Parra, *Obras completas,* Vol. II, 590.

103   Nicanor Parra y Pablo Neruda, *Discursos* (Santiago: Nascimento, 1962), 14. La parte de Parra (páginas 9-48) ha sido reimpre-

Si Parra reconoce a su propio padre, Nicanor, un maestro en escuela primaria en San Fabián de Alico, como «muy responsable del humor en la antipoesía» ya que gozaba de un gran sentido de humor y siempre estaba «jugando y bromeando», es evidente que Shakespeare y Cervantes fueron «responsables» también de algo del ingenio y el humor serio de los antipoemas de Nicanor hijo[104]. La habilidad de Shakespeare de crear sus tragedias y sus comedias, aún dentro de un mismo drama como *El rey Lear* con su sabio bufón, y la de Cervantes de yuxtaponer en su novela la seriedad de Don Quijote contra la comicidad de Sancho Panza (cuyas observaciones son tan mordaces), deben haber sido importantes en el desarrollo de la visión de Parra, resumidas en estas palabras de Cervantes: «que no puede haber gracia donde no hay discreción»[105].

En la sección II de *Happy Birthday*, titulada «Algo huele muy mal en Dinamarca lo sé», Parra asemeja el famoso verso en la escena IV del primer acto de *Hamlet* con el estado amenazado de nuestro ambiente y bienestar:

> Ya cruzamos el umbral del Apocalipsis
> Aseguran los + pesimistas
> El problema no tiene solución
> Es de mal tono hablar de estas cosas
> El smog
>   el ozono
>   el consumismo suiSIDA

---

sa en sus *Obras completas*, Vol. I, 713-738; los pasajes citados acá aparecen en la página 718.

104 Leonidas Morales, *Conversaciones con Nicanor Parra* (Santiago de Chile: Editorial Universitaria, 1990), 29.

105 Miguel de Cervantes, *Don Quijote de la Mancha*, edición, prólogo y notas de Francisco Rodríguez Marín (Madrid: Espasa-Calpe, 1913), Vol. VII, Parte segunda, Cap. XLIV, 125.

Lo sentimos muchísimos
No depende de nuestra voluntad
El teatro del mundo se acaba
Nos hundimos irremisiblemente en la nada
¿Con la bandera al tope?
       tanto peor!
Aquí no se respeta ni la ley de la selva[106]

No obstante que es Marcellus, y no Hamlet, quien pronuncia el verso crucial sobre el estado podrido de Dinamarca, el drama mismo y el rol de Hamlet, dentro de la crisis moral en el corazón del reino, sirven a Parra como un punto de referencia en su empeño de llamarnos la atención sobre nuestra crisis ecológica, económica y médica. Es a Hamlet, en primer lugar, que Parra mira como un representante de una mentalidad que puede ofrecernos soluciones a los problemas que el mundo enfrenta hoy en día. Parra nombra a Hamlet «El Paladín de la Duda Metódica», y por eso ve a Shakespeare como el antipoeta preeminente, puesto que en sus dramas en verso el bardo inglés presenta los dos lados de cualquier tema o conflicto, algo que también aplica a Cervantes en su ficción en prosa. En «Aló!», la sección VII de *Happy Birthday*, el parlante empieza una conversación imaginaria con Hamlet, en la cual le pregunta «con quién hablo?» y Hamlet contesta «Con un enfermo de la duda metódica»[107]. Parra

---

106   Parra, *Obras completas*, Vol. II, 610.

107   Para el epíteto de Hamlet, véase Nicanor Parra, «Tuvo razón el búho cuando dijo», *Obras completas*, vol. 2, 312. En *Parrafadas: Nicanor Parra, Figura del Bicentenario*, Manuel Jofré pregunta al antipoeta: «Cómo es la antipoesía fuera de Chile?» y su respuesta es: «Bueno, el antipoeta por excelencia se llama William Shakespeare». Véase *Parrafadas* (Santiago de Chile: Fundación Imagen de Chile, abril de 2010), 48. En un poema titulado «Aló, Aló,» el parlante habla con Jonás, que niega que fue tragado por una ballena o que desobedeció «órdenes superiores»,

duda de las explicaciones o excusas de aquellos que son incrédulos respecto a la condición de nuestro planeta o del estado irracional de nuestra conducta. En la primera parte de *Don Quijote*, Sancho Panza también representa la voz del realismo cuando contradice las «razones» que el caballero andante da para las calamidades que sufren en su intento por corregir las injusticias que cree haber visto y que quiere rectificar.

La única referencia a Sancho Panza que he encontrado en la antipoesía de Parra aparece en sus *Obras públicas*:

> OJO CON SANCHO PANZA:
> Se pescaba a
> la sin par Dulcinea del Toboso
> mientras Don Quijote dormía la siesta[108]

Se podía decir que esta obrita de Parra ejemplifica, de una manera brusca, el punto de vista realista que el antipoeta comparte con Sancho, en contrapunto al idealismo del caballero andante. Sin embargo, Parra, como Cervantes, es capaz de apreciar los dos puntos de vista, como se verá en el caso de Domingo Zárate Vega, el personaje histórico por medio de quien el antipoeta habla en una serie de sus antipoemas narrados por este mismo vagabundo conocido como El Cristo

---

y dice que no es «profeta de nada». Véase Nicanor Parra, «Aló-Aló,» en *Revista chilena de literatura,* no. 1 (otoño 1970): 80-81. No he encontrado este poema en los volúmenes de *Obras completas*, pero quizás está.

108   Nicanor Parra, *Obras públicas* (W.R.S. Ediciones, 2006), sin enumeración. En una discusión del endecasílabo, Parra mantiene que *Don Quijote* empieza «Con un octosílabo, y sigue con un endecasílabo. Empieza con Sancho, con el mundo de Sancho, con el idioma de Sancho: 'En-un-lu-gar-de-la-Man-cha, / de-cu-yo-nom-bre-no-quie-roa-cor-dar-me». Véase Morales, *Conversaciones con Nicanor Parra,* 150.

de Elqui. Además, a veces Parra se identifica con Don Quijote, como en 1991, cuando el antipoeta recibió el Premio Juan Rulfo del gobierno de México. En la sección XXXII, titulada «Cero problema», de su discurso *Mai mai peñi*, escrito para esa ocasión, Parra declara: «Con este premio paso a la categoría / De caballero de la triste figura». Después, Parra continúa: «Donde me siente yo / Está la cabecera de la mesa caramba!»[109]. Esta misma imagen aparece en el capítulo XXXI de la Parte segunda de *Don Quijote*, donde Sancho se queda «embobado y atónito de ver la honra que á su señor aquellos príncipes le hacían; y viendo las muchas ceremonias y ruegos que pasaron entre el Duque y don Quijote para hacerle sentar á la cabecera de la mesa». Esto le recuerda a Sancho el cuento de un labrador y un hidalgo, en el cual cada uno insistía que el otro se sentara a la cabecera de la mesa. Finalmente, cuando «el labrador porfiaba con el hidalgo que tomase la cabecera de la mesa (...) el hidalgo, mohíno, poniéndole ambas manos sobre los hombros, le hizo sentar por fuerza, diciéndole: "Sentaos, majagranzas; que adonde quiera que yo me siente será vuestra cabecera"»[110]. La posible alusión de Parra a esta escena en la novela ilustra algunas de sus estrategias antipoéticas, no sólo en «Cero problema», sino que a través de toda su antipoesía. En la sección XV de *Mai mai peñi*, titulada «Esperaba este premio?», Parra otra vez se satiriza a sí mismo y al mismo tiempo hace burla de tales ceremonias y premios cuando alude de nuevo a la novela de Cervantes:

No
Los premios son

---

109   Parra, *Obras completas*, Vol. II, 587.

110   Cervantes, *Don Quijote*, Vol. VI, Parte segunda, Cap. XXXI, 244 y 250.

Como las Dulcineas del Toboso
Mientras + pensamos en ellas
    + lejanas
      + sordas

        + enigmáticas

Los premios son para los espíritus libres
Y para los amigos del jurado

Chanfle
No contaban con mi astucia[111]

El cuento del labrador y del hidalgo también me parece una evidencia de la preferencia que Parra debió haber tenido por el punto de vista de Sancho. Frecuentemente, Don Quijote critica a Sancho por sus anécdotas y sus refranes (como, por ejemplo, «quien busca el peligro perece en él»), los cuales están fuera de lugar y además son, según el caballero andante, latosos y una molestia para todos cuyos oídos están a su alcance[112]. En el capítulo XLIII de la Parte segunda de *Don Quijote*, el caballero le dice a Sancho,

> ¡En caja, ensarta, enhila refranes; que nadie te va á la mano! (…) Estóite diciendo que excuses refranes, y en un instante has echado aquí una letanía dellos, que así cuadran con lo que vamos tratando como los cerros de Ubeda. Mira, Sancho, no te digo yo que parece mal un refrán traído á propósito; pero cargar y ensartar refranes á troche moche hace la plática desmayada y baja[113].

Antes de esto, en el capítulo VII de la Parte segunda, Sancho «ensarta» varios proverbios de Santa Teresa «que hablen

---

111   Parra, *Obras completas*, Vol. II, 570.
112   Cervantes, *Don Quijote*, Vol. II, Parte primera, Cap. XX, 131.
113   Cervantes, *Don Quijote*, Vol. VII, Parte segunda, Cap. XLIII, 113.

cartas y callen barbas, porque quien destaja no baraja, pues más vale un toma que dos te daré». Para terminar, Sancho agrega: «Y yo digo que el consejo de la mujer es poco, y el que no le toma es loco». En este caso, Don Quijote está de acuerdo con el juicio de su escudero: «Decid, Sancho amigo; pasá adelante, que habláis hoy de perlas»[114].

La novela de Cervantes incluye bastante discusión de la manera apropiada de contar un cuento. En el capítulo XXVI de la Parte segunda, Don Quijote amonesta al joven que narra el cuento de Don Gaiferos: «Niño, niño (…) seguid vuestra historia línea recta, y no os metáis en las curvas o transversales; que para sacar una verdad en limpio menester son muchas pruebas y repruebas»[115]. Como hemos visto, Don Quijote rechaza los refranes y proverbios de Sancho Panza, y como juez de la poesía, seguramente el caballero andante no habría aprobado el uso que Parra le dio un aforismo chileno como «Nunca perdió más tiempo la tortuga / Que cuando tomó lecciones del águila» o un proverbio como «Independientemente del sistema / Los de arriba se sientan en los de abajo»[116]. Obviamente, el antipoeta, por su parte, se identificara con los proverbios, refranes y dichos de Sancho, especialmente los que el escudero repite de su abuela en el capítulo XX de la Parte segunda:

> Dos linajes solos hay en el mundo, como decía una agüela mía, que son el tener y el no tener; aunque ella al del tener se atenía; y el día de hoy, mi señor don Quijote, an-

---

114 Cervantes, *Don Quijote*, Vol. V, Parte segunda, Cap. VII, 132.
115 Cervantes, *Don Quijote*, Vol. VI, Parte segunda, Cap. XXVI, 161.
116 Parra, *Obras completas*, Vol. I, 236; *Obras completas*, vol. 2, 775.

tes se toma el pulso al haber que al saber: un asno cubierto de oro parece mejor que un caballo enalbardado[117].

En el capítulo XLIII de la Parte segunda, Sancho se refiere a un proverbio que relaciona con el verso de Parra, en su antipoema-discurso *Mai mai peñi*, que dice que los premios literarios son «para los amigos del jurado». Sancho da solamente la primera parte del proverbio pero el dicho entero dice: «el que tiene el padre alcalde, seguro va a juicio»[118]. Otro par de proverbios habían aparecido en el capítulo IV de la Parte segunda cuando Sancho conversaba con el Bachiller Sansón Carrasco sobre la ínsula que Don Quijote le prometió por su servicio como escudero: «pero si, con todo esto, de buenas a buenas, sin mucha solicitud y sin mucho riesgo, me deparase el cielo alguna ínsula, ó otra cosa semejante, no soy tan necio, que la desechase; que también se dice: "cuando te dieren la vaquilla, corre con la soguilla"; y "cuando viene el bien, mételo en tu casa"»[119]. Poco antes de esto, Sancho aun repitió un proverbio que creyó lo había escuchado de Don Quijote: «entre los extremos de cobarde y de temerario está el medio de la valentía…»[120]. Una sarta de proverbios que Sancho sacó de su abuela también aparece en el capítulo XLIII de la Parte segunda: «sino haceros miel, y paparos han moscas; tanto vales cuando tienes, decía una mi agüela; y del hombre arraigado no te verás vengado»[121]. Parecidamen-

---

117   Cervantes, *Don Quijote*, Vol. VI, Parte segunda, Cap. XX, 43-45.

118   Cervantes, *Don Quijote*, Vol. VII, Parte segunda, Cap. XLIII, 116-117. El editor Rodríguez Marín provee el proverbio completo en su nota 2.

119   Cervantes, *Don Quijote*, Vol. V, Parte segunda, Cap. IV, 95.

120   Cervantes, *Don Quijote*, Vol. V, Parte segunda, Cap. IV, 92.

121   Cervantes, *Don Quijote*, Vol. VII, Parte segunda, Cap. XLIII,

te Parra repite a veces los dichos de su madre, «La pragmática Clara Sandoval», como por ejemplo en la sección XXIV del *Bío Bío*, el discurso donde el antipoeta recuerda que ella «Solía decir (…) Quien no te conozca que te compre»[122]. Otros ejemplos de los dichos de la madre de Parra incluyen el antipoema titulado «Ser o no ser», que continúa con «Nos decía la Clara Sandoval / A continuación venía la tunda de azotes»;[123] el artefacto titulado «Toda la poesía es una mierda», que continúa con «Nos decía la Clara Sandoval / Claro que con honrosas escepciones»[124]; y el antipoema titulado «H According to N», que está escrito en inglés excepto por el último verso:

> What inhibits Hamlet
> Is his tragical knowledge
> Of the futility & folly of action
> In a world out of joint
>
> Knowledge kills action
>
> Action requires the veil of illusion
> Nos decía la Clara Sandoval[125]

Don Quijote, a diferencia de su autor y del antipoeta, parece estar lejos del sentido del humor. Sin embargo, en el capítulo XII de la Parte segunda, y también en otros momentos, el caballero andante puede reírse de Sancho y sus «afectadas razones» cuando acaba «su razón con despe-

---

118.

122 Parra, *Obras completas*, Vol. II, 751.

123 Parra, *Obras completas*, Vol. II, 304.

124 Parra, *Obras completas*, Vol. II, 339. Parece que la palabra «escepciones» está escrita a mano así, y quizás sea un juego con la palabra «escepticismo».

125 Parra, *Obras completas*, Vol. II, 314.

ñarse del monte de su simplicidad al profundo de su ignorancia»[126]. A veces el caballero puede darse cuenta de que la manera en que su escudero habla es admirable. En este mismo capítulo, Don Quijote se dice a sí mismo que Sancho tenía razón cuando dijo:

> algo se me ha de pegar de la discreción de vuesa merced (…) que las tierras que de suyo son estériles y secas, estercolándolas y cultivándolas vienen á dar buenos frutos: quiero decir que la conversación de vuesa merced ha sido el estiércol que sobre la estéril tierra de mi seco ingenio ha caído; la cultivación, el tiempo que ha que le sirvo y comunico; y con esto espero de dar frutos de mí que sean de bendición, tales, que no desdigan ni deslicen de los senderos de la buena crianza que vuesa merced ha hecho en el agostado entendimiento mío[127].

Al criticar la conversación de Sancho, Don Quijote le dice al escudero que sus refranes «muchas veces los traes tan por los cabellos, que más parecen disparates que sentencias»[128]. El caballero se opone al uso de una palabra vulgar como «regoldar», que él considera «uno de los más torpes vocablos que tiene la lengua castellana», y por eso quiere que Sancho use la palabra «erutar»[129]. Para Don Quijote, «erutar», que viene del latín, representa la fuente del enriquecimiento de la lengua castellana. Si Cervantes hubiese estado de acuerdo con el caballero, también habría apoyado el lenguaje de

---

126 Cervantes, *Don Quijote*, Vol. V, Parte segunda, Cap. XII, 218-219.

127 Cervantes, *Don Quijote*, Vol. V, Parte segunda, Cap. XII, 218.

128 Cervantes, *Don Quijote*, Vol. VII, Parte segunda, Cap. XLIII, 112.

129 Cervantes, *Don Quijote*, Vol. VII, Parte segunda, Cap. XLIII, 111.

Sancho, con sus refranes disparatados que son tan ricos e imaginativos. Seguramente los refranes y el vocabulario de Sancho le llamaron la atención a Parra, porque el antipoeta siempre ha sostenido que los poetas deben hablar con el lenguaje coloquial de la vida cotidiana; incluso, en la sección IX de los *Sermones y prédicas del Cristo de Elqui*, su narrador dice a sus lectores, «perdonen si me he expresado en lengua vulgar / es que ésa es la lengua de la gente»[130]. Además, en la sección XXXIII del discurso *Aunque no vengo preparrado*, titulada «Polos opuestos», Parra contrapone su propio deseo de «escribir como se habla» a la escritura o el habla de su amigo Luis Oyarzún, que suena «Como quien está leyendo un ensayo de Heidegger»[131].

Un ejemplo de una imagen tomada del lenguaje coloquial, que aparece en *Don Quijote* y en los *Discursos de sobremesa* de Parra, es la que hace referencia a un gato y sus patas. En la novela, en el capítulo XXII de la Parte primera, Don Quijote se determina liberar a los galeotes por haberlos despojado injustamente de su libertad, pero el comisario le reprocha al caballero andante y lo acusa de andar «buscando tres pies al gato», que significa que Don Quijote se había metido en una situación que él no entendió y que tendría consecuencias imprevistas[132]. Distinto a la escena en la novela pero similar en su uso cómico de una imagen cotidia-

---

130   Parra, *Obras completas*, Vol. II, 13.
131   Parra, *Obras completas*, Vol. II, 797.
132   Cervantes, *Don Quijote*, Vol. II, Parte primera, Cap. XXII, 221. En la nota 2 de esta página, el editor Rodríguez Marín explica que «*Buscar tres, o cinco, pies al gato* es frase proverbial que significa buscar ocasión de pesadumbre y enojo. Más corriente ha sido decir *cinco pies*, y parece más propio, lo uno, porque hallar *tres* pies a quien tiene *cuatro* es cosa fácil y nada ocasionada a pendencias, mientras que hallarle *cinco* es imposible...».

na, la sección XIV de *Aunque no vengo preparrado,* titulada «Tiempos aquellos», ofrece otro contraste entre Luis Oyarzún y Parra (y el resto de sus amigos) cuando el antipoeta se acuerda como

> Todos andábamos como locos
> Buscándole la quinta pata
> Al gato encerrado:
>
> Lucho fue el único que se la encontró[133].

Para Sancho Panza no hay nada cómico en los golpes que él recibe al seguir a Don Quijote en sus indagaciones en busca de injusticias que él rectificará. El escudero, como Parra, provee un comentario de sentido común y también una graciosa perspectiva sobre las nociones erradas de la realidad. En el capítulo XVIII de la Parte primera de la novela, el caballero andante y su escudero están hablando de eventos en el capítulo anterior cuando Don Quijote vio una venta que él creía que era un castillo encantado y que las personas en la venta que «atrozmente tomaron pasatiempo» con Sancho eran fantasmas. Sancho le responde al caballero andante que él había visto y oído a "hombres de carne y hueso", y que en vez de ir en tales aventuras «lo que sería mejor y más acertado, según mi poco entendimiento, fuera el volvernos á nuestro lugar, ahora que es tiempo de la siega y de entender en la hacienda, dejándonos de andar de ceca en meca y de zoca en colodra, como dicen»[134]. Después de varias aventuras desdichadas, como el episodio de las ovejas en este mismo capítulo, el caballero andante le dice a Sancho «que yo te

---

133   Parra, *Obras completas*, Vol. II, 778.
134   Cervantes, *Don Quijote*, Vol. II, Parte primera, Cap. XVIII, 72-73.

seguiré al paso que quisieres»¹³⁵, y luego, en la Parte segunda, Don Quijote incluso admite que Sancho puede decir «mil sentencias encerradas en el círculo de breves palabras»¹³⁶. Con respecto a la realidad, el antipoeta asimismo ofrece muchos discernimientos iluminados dentro de pocas palabras, como cuando su Cristo de Elqui observa:

> En la realidad no hay adjetivos
> ni conjunciones ni preposiciones
> ¿quién ha visto jamás una Y
> fuera de la Gramática de Bello?
> en la realidad hay sólo acciones y cosas
> un hombre bailando con una mujer
> una mujer amamantando a su nene
> un funeral – un árbol – una vaca
> la interjección la pone el sujeto
> el adverbio lo pone el profesor
> y el verbo ser es una alucinación del filósofo¹³⁷.

Aunque Parra puede ser tan realista como Sancho Panza, el antipoeta no parece ser tan capaz de apreciar el idealismo del caballero andante como Cervantes. Sancho encuentra incomprensible el amor caballeresco de Don Quijote por Dulcinea, especialmente en el capítulo VIII de la Parte segunda cuando el escudero describe a la campesina: «cuando yo vi ese sol de la señora Dulcinea del Toboso (…) no estaba tan claro, que pudiese echar de sí rayos algunos…»¹³⁸. Parecidamente, en el capítulo LXX de la Parte segunda, el escudero se ríe de la idea de que los enamorados

---

135   Cervantes, *Don Quijote*, Vol. II, Parte primera, Cap. XVIII, 100.
136   Cervantes, *Don Quijote*, Vol. V, Parte segunda, Cap. IX, 172.
137   Parra, *Obras completas*, Vol. II, 24.
138   Cervantes, *Don Quijote*, Vol. V, Parte segunda, Cap. VIII, 148.

pueden morir de amor: «bien lo pueden ellos decir; pero hacer, créalo Judas»[139]. Muchos de los antipoemas de Parra expresan puntos de vista tan realistas, no sólo con respecto al amor sino que también en los *Sermones y prédicas del Cristo de Elqui*, con relación a la literatura, la política, la salud mental e incluso la ley del semáforo:

> la poesía por ejemplo la poesía
> puede llevar a la ruina a un país ...
> la libertad de expresión es un mito (LV);

> yo mismo voto por los comunistas
> porque estoy convencido
> de que no van tras el interés personal
> aunque sepa que están equivocados
> siempre estarán ahí los sacerdotes
> para ponerlos en el lugar que les corresponde
> en caso de que lleguen a sobrepasarse (LVI);

> arrodillémonos como buenos chilenos
> a rezar por las víctimas inocentes
> ... de conductores ebrios o neuróticos
> y comprometámonos ante el Altísimo
> a no violar jamás el Reglamento del Tránsito
> quien apurado vive apurado muere (XXVIII)[140].

A veces Parra puede aludir a la esfera de lo sentimental, pero parece que representa más un intento del ingenio que una expresión de emoción o de bajar la guardia de cinismo. Su poema sobre su madre, titulado simplemente «Clara Sandoval», es quizás la aproximación más cercana del antipoeta al ámbito sentimental[141]. Sin embargo, dentro del personaje

---

139   Cervantes, *Don Quijote*, Vol. VIII, Parte segunda, Cap. LXX, 273-274.

140   Parra, *Obras completas*, Vol. II, 64-65, 35.

141   Nicanor Parra, «Clara Sandoval», *Antipoems: How to look better*

del Cristo de Elqui, Parra combina en los sermones del predicador errante un tipo del idealismo religioso con un realismo notable e ingenioso y de esta manera ilustra algunos de las costumbres coetáneas que carecen de un valor práctico y moral.

En la sección XXXII de los *Sermones y prédicas*, el Cristo de Elqui, «Alias el *ecóloco* del norte chico»[142], recopila una lista de sus amigos, enumerando «los condenados a cadena perpetua / en las llamadas oficinas públicas» y «los soñadores – los idealistas / que entregaron su vida como Él / en holocausto por un mundo mejor»[143]. En sección XLIX, el Cristo pide a Dios que «nos libre de los comerciantes» ya que «sólo buscan el lucro personal», igual que Romeo y Julieta «sólo buscan la dicha personal (...) un Romeo demente que sólo sueña con poseer a Julieta»[144]. La antipoesía del Cristo de Elqui, como *Don Quijote*, juega en serio, y aunque la novela de Cervantes, como un episodio en *Orlando Furioso* de Ariosto, mencionado en el capítulo XXXIII de la Parte primera, «sea ficción poética, tiene en sí encerrados

---

& feel great (New York: New Directions, 2004), 38-41. Este poema no se incluye en *Obras completas*, vol. 2, lo cual excluye un número de poemas en el volumen de la editorial New Directions. Puede ser que, por lo menos en el caso de «Clara Sandoval», Parra creyó que el poema era demasiado sentimental y por esa razón no aparece en sus «Obras completas». Una estrofa puede servir como ejemplo del sentimentalismo del poema que es raro en la antipoesía de Parra: «pero ella no pierde la paciencia: / kilómetros de casineta / siguen saliendo de sus manos mágicas / transformadas en nubes de pantalones baratos / hacia los cuatro puntos cardinales» (38 y 40).

142   Parra, *Obras completas*, Vol. II, sección XLV de *Mai Mai peñi*, 600.
143   Parra, *Obras completas*, Vol. II, 39.
144   Parra, *Obras completas*, Vol. II, 58.

secretos morales dignos de ser advertidos, y entendidos, é imitados»[145]. Dadas las frecuentes alusiones a Cervantes y Shakespeare en los antipoemas de Parra, se esperaría que el Cristo de Elqui incluyera a uno o a ambos en sus sermones. De hecho, en la sección XXXVII, cuando el predicador habla del aspecto positivo de la neurosis, incluye al autor de *Don Quijote* entre un distinguido grupo de personajes históricos:

> La neurosis no es una enfermedad
> ...
> un neurótico bien administrado
> rinde el doble o el triple que un sujeto normal
> tomen el caso de Napoleón Bonaparte
> de don Miguel de Cervantes Saavedra
> de don Alonso de Ercilla y Zúñiga
> de Cristóbal Colón
> ...
> quién va a poner en duda
> la grandeza de todos estos hombres
> y sin embargo todos eran neuróticos[146].

Por supuesto, el Cristo de Elqui calla con respecto al valor de la destrucción y muerte de las invasiones de las tierras de los otros por el «Pequeño Cabo» de Francia y el «Gran navegante» de España. No obstante, esto también es característico de mucho del idealismo de Don Quijote, que destruye y atrae sobre sí mismo y también sobre Sancho sus contusiones y dientes quebrados en el intento de forzar un concepto literario de la caballería en situaciones complejas en el mundo de la realidad. El Cristo de Elqui y Don Quijote comparten

---

145 Cervantes, *Don Quijote*, Vol. III, Parte primera, Cap. XXXIII, 188-189.
146 Parra, *Obras completas*, Vol. II, 44.

algunos rasgos idealistas, mientras que el Cristo también representa, en términos del realismo, una versión más moderna de Sancho Panza.

    Contradicciones abundan en *Don Quijote* y en la antipoesía de Parra, y en este sentido ambos representan la conciencia de sus autores: que no solo un punto de vista es posible en esta vida, ni siquiera deseable, ya que lo idealista como lo realista hacen su contribución a una existencia significante. Cuando en 2012 el Príncipe Felipe de España le entregó el Premio Cervantes al nieto de Parra, Cristóbal Ugarte, que lo aceptó en nombre de su abuelo, el príncipe comentó que «Como las palabras de Parra están en perpetuo movimiento, no sabemos lo que entonces aparecerá, pero no hay duda, serán palabras que nos unen en la lengua de Cervantes y ensanchen nuestra vida»[147]. Seguramente por esta razón el príncipe no se sorprendió más tarde al saber que el antipoeta escribió los siguientes versos sobre la novela de Cervantes en su discurso «venidero» de aceptación del Premio: «Libro más aburrido que el Quijote no hay / Para tonteras tengo con la Biblia»[148]. Por otro lado, Parra deja que el Cristo de Elqui declare en la sección LXIII de los *Sermones y prédicas* que:

> Por mi madre: si fuera millonario
> no tan sólo folletos regalara
> regalaría bibliotecas enteras
> harta falta que hacen creo yo
> Don Quijote en primerísimo término

---

147   https://www.youtube.com/watch?v=t5RT2n5cRcc. La oración citada se escucha más o menos a los 10:50 de la presentación del príncipe que dura 11:44 minutos.

148   Roberto Careaga, «Nicanor Parra: 'Nunca entendimos el *Quijote*'», *La Tercera*, 23 de abril de 2012 (Cultura & Entretención): 92.

−sin ese libro no se entiende nada−
   ... y para terminar
   o sea que por ahí debí haber empezado
   la Santa Biblia

               sí
             ¡la Santa Biblia!
   que es el único libro verdadero
   los demás son hermosos pero falsos[149].

Parra siempre puede rendir encomio con una mano y satirizar con la otra, como lo hace en *Mai mai peñi*. En la sección XXIV, el antipoeta se inspira en Cervantes para poder simultáneamente honrar y burlarse de Juan Rulfo en su homenaje-rechifla titulada «El español es una lengua muerta»:

   Moribunda en el mejor de los quesos
   Es x eso que Rulfo redactó su Quijote
   En el habla del siglo XVI[150]

Walt Whitman, otro de los precursores del antipoeta, famosamente preguntó y respondió, «¿Qué me contradigo? / Sí, me contradigo. Y ¿qué? / (Yo soy inmenso... / y contengo multitudes)»[151]. En el caso de Cervantes en su *Don Quijote* y de Parra en su antipoesía, los dos autores hispanos manejan

---

149   Parra, *Obras completas*, vol. 2, 75.
150   Parra, *Obras completas*, vol. 2, 579.
151   Walt Whitman, «Canto a mí mismo», sección 51, traducida por León Felipe (trianarts.com). Aunque Parra rechazó la manera heroica en la obra de Whitman y prefirió la antiheroica en crear su propia antipoesía, admiró el estilo abierto y relajado de los versos libres del norteamericano. Véase Leonidas T. Morales, *La poesía de Nicanor Parra* (Santiago de Chile: Editorial Andrés Bello, 1972), 37.

en la lengua española puntos de vista contradictorios para propósitos que de hecho «ensanch[a]n nuestra vida».

TRADUCCIÓN DE DAVE OLIPHANT Y JÉSSICA MARALLA

Introducción a la traducción de poemas de Enrique Lihn en *Figures of Speech*

Durante mi estadía en Chile en 1966, encontré un poema de Enrique Lihn publicado ese mismo año en *Orfeo*, una revista mensual de poesía editada en Santiago[152]. Era la segunda vez que veía la poesía de este autor; la primera había sido un año antes, en una compilación de poesía chilena presentada y traducida por Miller Williams en la revista *Motive*, pero en aquel entonces su «Cementerio en Punta Arenas» no me interesó tanto como sí lo hicieron los antipoemas del colega chileno de Lihn, Nicanor Parra, que también aparecían en el mismo ejemplar de la publicación metodista. En el número doble de *Orfeo* (números 21 y 22), Lihn apareció acompañado de un imponente grupo de poetas que incluía a Gabriela Mistral, primera chilena ganadora del Nobel de Poesía en 1945; Pablo Neruda, ganador del Nobel en 1972; Allen Ginsberg y Jean Cocteau traducidos al español; Roberto Juarroz de Argentina; Roque Dalton de El Salvador; Juan Lizcano de Venezuela; y Pablo Antonio

---

[152] «Introducción», *Figures of Speech* (Austin, Texas: Host Publications, 1999; segunda edición, 2016), i-xiv.

Cuadra de Nicaragua. En este mismo ejemplar de *Orfeo* aparecían también poetas chilenos contemporáneos como Rosamel del Valle y Delia Domínguez. Pero fue el poema «Nieve» de Enrique Lihn el que me atrajo especialmente. Yo estaba editando el siguiente número de *Tide*, revista en inglés publicada en conjunto por la Universidad Católica de Chile y el Instituto Chileno–norteamericano, y le pedí a una de mis estudiantes en la universidad, María Angélica Casar, que tradujera este poema de Lihn para incorporarlo en el segundo número de la revista. Tiempo después supe que «Nieve» fue el primer poema del libro manuscrito con que Enrique Lihn ganó el prestigioso galardón de poesía de la Casa de las Américas y que sería publicado en 1966 en su libro *Poesía de paso*.

Aunque «Nieve» no forma parte de la presente compilación, sí aparece otro poema, «Bella Epoca» («Belle Epoque»), que es característica de *Poesía de paso* y está acompañada además por otros dos poemas escritos antes de 1970: «Retrato» y «Noticias de Babilonia». Este conjunto de obras entrega contexto y una introspección en la formación y crianza religiosa de Lihn, rastrean las fuentes infantiles de su despertar a la sexualidad y la literatura, y ponen de manifiesto un tema predominante en su obra: el rol de la poesía, donde el poeta se pregunta a sí mismo acaso él es trasladado hacia su creación «Por una fuerza incontrolable», frase semejante al título de su colección de 1975, *Por fuerza mayor*. La poesía de Lihn en su colección de 1963, *La pieza oscura*, por la cual él es más conocido, se representa en inglés por la colección *This Endless Malice* (Lillabulero Press) de 1969, traducida por William Witherup y Serge Echeverría, y por *The Dark Room and Other Poems* (New Directions) de 1978, traducida por Jonathan Cohen, John Felstiner y David Unger. Ambas recopilaciones ponen énfasis en los trabajos de *La pieza oscura* y de *Poesía de paso*, aunque el libro de New Directions incluye algunos poemas representativos de Lihn extraídos de los libros *La musiquilla de las pobres esferas* (1969), *Álbum de toda especie de poemas* (1972), *La estación de los desamparados* (1973) y *París, situación irregular* (1977). La primera edición de la presente colección, *Figures of Speech* (*Figuras de palabras*), fue publicada en 1999 y ese entonces fue la primera recopilación de la poesía de Enrique Lihn traducida al inglés en más de veinte años; los poemas en *Figures of Speech* también ofrecen la selección más larga de la poesía del autor chileno concentrada en el período desde la publicación del volumen de New Directions hasta la muerte del poeta en 1988 a la edad de 59 años.

Dividida en seis secciones, *Figures of Speech* comienza con «Retrato», una pieza descubierta en forma póstuma en un manuscrito sin publicar fechado en 1952 e impreso por primera vez en julio de 1998 en el periódico, *El Mercurio*. Como «una exacta autodefinición del poeta», este retrato claramente identifica algunas de las principales características de Lihn. El ciertamente fue un poeta «de pies a cabeza» que dedicó su vida a la escritura de poesía, aunque también se las ingenió para crear cuentos, novelas, ensayos, críticas, monólogos dramáticos y también dibujos y bosquejos (por ejemplo, de Athinulis, el gato de su poema titulado «Para Rigas Kappatos»). Entre sus numerosos libros de poesía hay una amplia variedad de estilos, los que están representados aquí por un set de cinco sonetos (algunos de los muchos ya incluidos en compilaciones como *Por fuerza mayor* y *París, situación irregular*), por sus extensos poemas discursivos, por otros más cortos, concisos y unificados y por el conmovedor grupo de poemas que conforman su volumen póstumo, *Diario de muerte* (1989). Como «Retrato» señala, Lihn puede ser incisivo sicológicamente en su análisis clínico de sí mismo, pero siempre con un toque irónico lo que se otorga a sus apreciaciones una suerte de objetividad cómica. Esto se cumple en la primera sección de la presente obra con el tratamiento que Lihn da en «Bella época» y «Noticias de Babilonia» a la opresiva atmósfera religiosa de su infancia que inspiró su escritura y fue base importante de su «neurótico» imaginario.

La segunda sección de *Figures of Speech*, lleva el mismo título de la colección completa y nace de un poema que presenta la obsesión de Lihn con la génesis de la poesía y lo que él llama en uno de sus poemas de lecho de muerte «las limitaciones del lenguaje». Comprender y penetrar el significado de la existencia es, para Lihn, paradojalmente más difícil mediante el lenguaje. Como el mismo señala en «Si se ha de escribir correctamente poesía», los poetas «inutilizan más y más el lenguaje» al nombrar las cosas, porque «ellas responden por sus nombres / pero se nos desnudan en los parajes oscuros». Este también es un tema en uno de sus últimos poemas, «Nada tiene que ver el dolor con el dolor», donde se refiere a usar una «figura de palabras» para nombrar a la muerte, agregando que «mis palabras no pueden obviamente atravesar la barrera de ese lenguaje desconocido».

Un número de poemas en la segunda parte de *Figures of Speech* reflejan el interés de Lihn en la función del lenguaje, cómo éste debe ser utilizado, cómo debe mantenerse en la senda de la verdadera comprensión y de cómo el poeta no sería nadie sin sus palabras. La idea de que la poesía es «nada» es, desde el inicio hasta el final de la carrera literaria de Lihn, la causa de su sentimiento de inutilidad como artista-creador, pero también es el asunto que debe enfrentar para siempre y el objetivo que debe perseguir. Incluso si él reafirma esta «no-existencia» de la poesía, considera constantemente que ella es capaz de traer a la memoria los efectos de la barbarie, que ofrece «una buena inversión de la historia» y es «única depositaria de los temas eternos». Además de ser un poeta prolífico, Lihn se atrevió a indagar profundamente en sí mismo, explorando incluso su propia muerte y redescubriendo cuán necesaria era la poesía para él como una manera de enfrentar la esencial «nada» sin sentir autocompasión o desear, tal como señala en «Mano artificial», «firmar un decreto de excepción que lo devuelva a la vida».

El poema final de la sección dos se titula «El muro de los lamentos» y requiere un comentario especial. Mi traducción del poema fue publicada por primera vez en 1978, pero sin su versión en español, pieza que tanto Lihn como yo habíamos perdido con el paso del tiempo, o al menos así parecía en ese entonces. En 1987 yo le pedí a Lihn que él reconstruyera «El muro de los lamentos», examinando y tomando como base mi traducción en inglés. El 25 de enero de 1988 Lihn me escribió para decirme que creía haber «reconstituido más o menos el poema original» aunque aclaró a renglón seguido que «tal reconstrucción era improbable». Sus dificultades se debieron en gran medida a que, como él mismo había indicado en una carta fechada el 12 de junio de 1987, nunca había sido capaz de aprender inglés y que además quizás tenía «dislexia». No obstante, yo creía que la versión en español que Lihn reconstruyó, basándose en mi traducción al inglés, tendría un interés particular por varias razones. Primero, «El muro de los lamentos» nos presenta un especialmente revelador examen de inconciencia. Tal como muchos poemas del autor, esta pieza altera el sentido normal de la frase «examinarse la conciencia» proponiendo «hacer examen de inconciencia». Este es el mismo enfoque que toma en su último libro donde el título del trabajo no es la acostumbrada o clásica frase «Diario de vida» sino que es «Diario de muerte». La poesía de Lihn considera consistentemente el otro lado de la práctica o concepto, realzando tanto la antítesis como la propia tesis de éstos. Lihn le debe algo de este planteamiento a su compañero, el poeta Nicanor Parra y su antipoesía, pero mientras que Parra tiende a usar su antipoesía para horadar la sociedad, la religión, la política o cualquier comportamiento o actitud absurda o hipócrita, Lihn por lo general aplica la «antipoesía» más a su propia vida y a su propia literatura.

En el año 2005 la editorial de la Universidad Diego Portales en Chile publicó *Una nota estridente*, una colección de poesía de Lihn escrita entre 1968 y 1972. En este volumen está incluida «El muro de los lamentos» en español, poema que yo había perdido y que Lihn finalmente sólo había extraviado ya que lo encontraron después de su muerte. Una nota escrita al final del libro da cuenta que Lihn no era especialmente conocido por su orden, y por consiguiente falló en encontrar el poema original en español y que por lo tanto re-escribió para mí una versión basada en mi traducción. La nota concluye que no hay muchas diferencias entre el poema original y la versión re-escrita 15 ó 20 años después. Comparando las dos versiones, yo sólo encuentro tres palabras que difieren: «reconocido», «el camino» y «le» (en la frase «le treta», lo que fue un error de imprenta en la primera edición de *Figures of Speech* en vez de «la treta»). En lugar de estas tres palabras, el poema original en español tiene «declarado», «esa vuelta» y «la». Aunque no hay cambios importantes en el significado del poema, he traducido las palabras que difieren del original y he sustituido las tres palabras en inglés y en español del poema publicado en la edición de 1999 de *Figures of Speech*. También para esta segunda edición, he corregido traducciones inexactas en otros poemas y he hecho algunos cambios cuando sentí que mis versiones originales podían ser mejoradas.

Además de la poesía en sí misma, quizás el arte fue otro de los temas que más a menudo llamó la atención de Lihn. Como una persona versada en el campo de la Historia del Arte, Lihn escribió un número significativo de poemas que reflejan sus conocimientos e interpretaciones de obras de arte específicas de varios movimientos artísticos. La tercera sección de *Figures of Speech* está dedicada a una selección de tales poemas sobre obras de arte, tomada de dos colecciones de Lihn, *A partir de Manhattan* de 1979 y *Pena de extrañamiento* de 1986. La mezcla de Lihn de «arte y vida» a ratos examina sus propias experiencias mediante las técnicas de pinturas y collages, y esto se cumple especialmente en sus últimos poemas, donde compara su propia muerte con las pinturas de Andrea Mantegna y Max Klinger.

Uno de los poemas más curiosos relacionados con el mundo del arte es «Olana» que está basado en la casa del artista norteamericano, Frederick Edwin Church. En esta pieza, Lihn toma la peculiar arquitectura del «cielo falso» de Church y lo compara con un amorío que aparentemente el poeta tuvo en un encuentro casual. Otro ejemplo de esta combinación arte-vida se puede encontrar en «Para Adriana» en las alusiones a las cajas de bric a brac construídas por Joseph Cornell, donde tiempo y lugar son transformados y preservados en una nueva y más significativa relación. Lo que intriga a Lihn es el poder que aparentemente tienen la pintura y poesía para «dar vida» a sus «temas», como en «unas parvas de paja» de Monet, de las cuales dice «no pueden ser (pero lo son) imaginarias».

Un tema que para Lihn fue obviamente inevitable en su crónica del arte y la vida, tanto de la propia como la de sus compañeros poetas y pintores, fueron sus viajes fuera de Chile, el tema de la sección cuatro. Su visita a Cuba quedó registrada en su largo poema «Escrito en Cuba» de

1969, donde remarca que «no he colgado los hábitos de la poesía, pero lo sé demasiado bien», que él cree «menos aún en algunos de los que vinieron después, / entre nosotros, proclamando el período de la poesía armada». Los poemas más abiertamente políticos no están incluidos aquí, pero están disponibles, por ejemplo, en un grupo de poemas de su colección de 1983, *El Paseo Ahumada*, traducida por Mary Crow y publicada en *American Poetry Review* en julio/agosto de 1991. «Europeos» es un poema basado en un viaje de Lihn a Francia a principios de los setentas cuando él estudiaba obras de arte en los museos de París. Luego, siguen poemas describiendo escenas y situaciones en Nueva York (ambos el estado y la ciudad), Canadá, Texas, España y Perú.

Lihn simpatizó especialmente con la gente de la calle de la ciudad de Nueva York y aquellos que toman los trenes subterráneos, como en «Monstruo de Brooklyn», un poema que no había sido recopilado antes en forma de libro hasta su aparición en *Figures of Speech*. «Tulipanes de Toronto» y «La risa abunda en la boca de los jóvenes» están ambientados en Toronto con un recordatorio de la medieval alegoría de la muerte en «The Pardoner's Tale» («El cuento del perdonador») de Chaucer. Las alusiones de Lihn a la literatura norteamericana aparecen en algunos de sus poemas que tratan de sus viajes a Estados Unidos y demuestran su vasta perspicacia y su amplio gusto por la lectura. De la época en que Lihn fue profesor visitante en Texas viene «Una canción para Texas», una mirada satírica sobre el tamaño del estado, y «1985 La despedida 2», un poema que combina una descripción muy precisa del área con vista hacia el río Colorado en Austin con un inusual sondeo metafórico de la sicología de una joven que el poeta conoció en la Universidad de Texas. Los poemas ambientados en España tienen relación una vez más con la preocupación de Lihn por el lenguaje, su propio uso de este medio de comunicación y su relación con las tradiciones mantenidas por los gallegos, enfrentando una tecnología impersonal y moderna divorciada de la naturaleza y de la cercanía de la vida familiar. «Arequipa», un poema de una de las visitas de Lihn al Perú, toca un poco los mismos temas de sus otros poemas de viaje, incluyendo su reacción al lugar y su gente, su lenguaje y su historia.

«Arequipa» y un extracto de «Escrito en Cuba» se han añadido a esta segunda edición de *Figures of Speech*. Había intentado incluir ambos poemas originalmente pero sólo en 1999 descubrí que ya no tenía el español para emparejarlo con la traducción en inglés. El poder incluir estos poemas lo debo a la aparición de *Una nota estridente* el 2005, que me proporcionó el español de «Arequipa», y también se lo debo a mi amigo Bill Fisher de San Antonio, quien localizó, compró y me regaló un escaso ejemplar de *Escrito en Cuba* que alguna vez yo también tuve pero que luego de prestarlo para una exhibición, nunca recuperé. También estoy muy agradecido de Joe Bratcher, editor de Host Publications, por darme la oportunidad de revisitar y revisar *Figures of Speech*, lo que ha renovado y profundizado mi apreciación por el intelecto y destreza de Lihn.

La quinta sección de *Figures of Speech* contiene ejemplos más directos del enfoque de Lihn sobre el tema del amor. «Las sirenas», el poema que titula esta sección presenta —a la manera de la historia de Ulises— el punto de vista del amante envejecido que se haya abandonado por todos a excepción de las ninfas marinas que lo tentarían hacia su propia destrucción. Otros poemas de esta sección abordan las dificultades del amor mediante sorprendentes metáforas: primero la del poeta que es comparado con un libro que se lee y luego se desecha, y después, entre otras, la de una conversación telefónica de larga distancia, la rueda de la fortuna y las luchas político/militares tan comunes durante la «época del dato» del poeta. Esta sección nos lleva al último grupo de poemas de la sexta sección, la que a momentos trata sobre la relación de amor y muerte. A excepción de «Kafka», el primer poema de la sección seis, todas las siguientes piezas fueron escritas y corregidas para publicarse durante los últimos días de la vida del poeta. Lihn supuestamente recordaba en su lecho de muerte el hecho de que Kafka también había corregido su último libro mientras agonizaba. Por esta razón incluí el poema de Lihn sobre el autor austríaco, publicado en *La musiquilla de las pobres esferas* de 1969, ya que este poema anterior comprende la perspectiva frente a la muerte que aparece en *Diario de muerte* de Lihn y sus observaciones finales frente a un tema que lo obsesionó durante toda su carrera.

En los últimos poemas de Enrique Lihn, el amor aparece especialmente refiriéndose a la mujer fiel, una especie de Penélope que ya no siente celos de las otras mujeres de la vida del poeta. En el poema «Nada tiene que ver el dolor con el dolor», Lihn hace alusión a Isabel, la niña de su infancia que aparece en su «La pieza oscura» de 1963 y que ha dejado en su memoria «el rastro de su resplandor». Principalmente los poemas del lecho de muerte tocan temas como la preparación, la aceptación y el propósito de la muerte. Un fragmento en especial de «Nada tiene que ver el dolor con el dolor» se refiere a los doctores del poeta que habrían pospuesto su muerte. Este es uno de los muchos pasajes que representan dificultades para la traducción. Después de preguntar a algunos hablantes nativos de español sobre este fragmento y también preguntar a algunos médicos, finalmente obtuve la más completa y reflexiva discusión sobre las consideraciones éticas y médicas del caso con la Doctora Rebeca Traylor, hija de un amigo personal de toda la vida:

> La pleura es el revestimiento del pulmón y está compuesta por dos capas: una capa visceral que sigue los contornos del pulmón y una capa parietal que forra la cavidad torácica. El pulmón no tiene fibras de dolor, pero la pleura sí. Por esta razón una vez que una enfermedad se desarrolla (sea cáncer, neumonía o inflamación) al alcanzar la pleura se desata el dolor. Una vez que el cáncer perfora la pleura esto ya es una etapa avanzada (peor pronóstico) porque implica que éste ha invadido las fronteras naturales del pulmón. Sin embargo, un tumor puede invadir la pleura y la pared del pecho y aún así ser resecable si es que no se ha ramificado hacia otra parte del cuerpo.
>
> Yo puedo entender la consternación (del poeta). (Últimamente parece que tengo el monopolio del cáncer del pulmón; por lo tanto, he luchado en mi mente contra este tema muchas veces). Algunos doctores sí aman la muerte...mientras sea un proceso dilatado. Los más despiadados igualan cada visita a una oportunidad de facturar; la muerte podría matar a la vaca lechera. Sin embargo, algunos doctores se dan cuenta que la muerte puede ser un alivio, el fin del sufrimiento y los conflictos familiares. La muerte es un fenómeno natural y aún me asombra cómo la gente se resiste al final a cada momento. ¿No están en paz con ellos mismos o con su gente querida?, ¿tienen miedo a lo desconocido?, ¿tienen culpas en su conciencia?
>
> A la mayoría de los doctores no les gusta la muerte; es un reconocimiento tácito de fracaso. Aún así me enorgullezco de darme cuenta que la muerte no siempre es un fracaso; nosotros debemos empujar al paciente hacia la paz con ellos mismos y con su entorno antes de que los temas del fin de la vida aparezcan. Yo sospecho que el equipo médico que trató al poeta se concentró en

los aspectos físicos del cáncer sin sondear las ramificaciones sicológicas de la enfermedad. Este enfoque lleva a un tratamiento inapropiado.

El detallado comentario de la doctora Traylor dilucidó para mí el fragmento de «Nada tiene que ver el dolor con el dolor» que dice «Quizá los médicos no sean más que sabios y la muerte —la niña / de sus ojos— un querido problema / la ciencia lo resuelve con soluciones parciales, esto es, difiere / su nódulo insoluble sellando una pleura, para empezar». Su comentario también aclara para los lectores la referencia que hace el poeta a los doctores como «sus peluqueros, sus manicuros, sus usurarios usuarios / [que] la [muerte, esa bestia tofusa] mezquinan, la dosifican». Si los médicos de Lihn no sondearon «las ramificaciones sicológicas de su enfermedad», ciertamente el poeta sí lo hizo con una resuelta mirada de sí mismo como hombre y artista.

En la sexta sección, junto con las observaciones de Lihn sobre la ética médica, el poeta medita —como se esperaría— sobre la relación del arte y la poesía y «el arte de morir». La ópera sirve para sugerir el poder que tienen las artes para cambiar la expectativa personal y lograr el verdadero conocimiento de la inminente muerte. Lihn frecuentemente ve su muerte como parte de una obra de teatro, observándola objetivamente como si fuera una forma de arte. Su jocosidad hace de la lectura de sus últimos poemas una experiencia agridulce, una de las más conmovedoras de la poesía moderna. Compartiendo sus horas finales, el lector descubre que en cada sentido de la palabra Enrique Lihn fue el poeta completo, a pesar de su constante referencia a la «nada» de su poesía, y parece evidente que su escritura continuará representando una de las verdaderas depositarias «de los temas eternos».

TRADUCCIÓN DE JÉSSICA MARALLA

Enrique Lihn: Poeta en Nueva York

Al visitar Nueva York, Enrique Lihn, como Federico García Lorca antes que él, creó un conjunto de poemas que interpreta a esa ciudad y, a la vez, refleja su visión de la vida contemporánea y su singular técnica poética[153]. Nacido en 1929, el año en que el poeta hispano llegó a Nueva York y escribió su célebre obra *Poeta en Nueva York*, Lihn estuvo en la metrópolis en varias ocasiones; su última visita fue en 1986 cuando viajó como becario Guggenheim. Mientras García Lorca fue estudiante de inglés en la Universidad de Columbia y alude a este hecho en *Poeta en Nueva York* en su primera sección, titulada «Poemas de soledad en la Universidad de Columbia», Lihn también vivió en el barrio universitario y menciona el mismo campus en su poema «Para Rigas Kappatos» (1981), incluido en un facsímil de una versión manuscrita en español junto con poemas en griego de Kappatos, publicado en Grecia en 1984.

---

153   «Enrique Lihn: poeta en Nueva York», *The Guadalupe Review*, no. 1 (1991): 303-311; reimpreso en *Enrique Lihn: Bitácora dedicada a la obra y palabra del poeta chileno Enrique Lihn*, 3 de noviembre de 2010: publicación virtual, Santiago.

Enrique Lihn: Poeta en Nueva York

«Para Rigas Kappatos» trata de un gato llamado Athinulis —el dueño, como dice Lihn, de su amigo Kappatos—. Una edición posterior del libro de Kappatos, traducida al español, titulada *Los poemas de Athinulis* y publicada en 2007 en Santiago, incluye el poema Lihn dedicó a Rigas Kappatos, y una serie de encantadores dibujos que Lihn hizo del gato Athinulis. El poema, con sus alusiones a Sócrates, Hamlet y Nietzsche, es una fascinante pieza semi-cómica que explora la compleja vida de un gato que se queda en casa mientras su amo está en la Universidad de Columbia o está trabajando como marinero en barcos viajando entre Grecia y Nueva York. Sin intenciones de discutir en profundidad este poema «gatuno» de Lihn, lo menciono simplemente porque presenta una imagen positiva de la soledad en la cual el gato demuestra capacidad de existir por sí mismo, pero también la inclinación de mantener un intercambio con un mundo imaginario. Este cuadro contrasta con «Poemas de soledad en la Universidad de Columbia» de García Lorca, y especialmente con su «1910» (fechado en Nueva York, agosto de 1929), en el cual el poeta habla de «un jardín donde los gatos se comían a las ranas», de un

> Desván donde el polvo viejo congrega estatuas y musgos,
> cajas que guardan silencio de cangrejos devorados
> en el sitio donde el sueño tropezaba con su realidad
> y «un dolor de huecos por el aire sin gente...».

Aunque la asociación con Columbia compartida por el español y el chileno es tan solo un detalle menor, es un signo de las distintas percepciones de García Lorca y Lihn de una soledad que fue parte tan importante de sus experiencias en Nueva York. Más concreto es el amplio contraste que existe entre *Poeta en Nueva York* de García Lorca y una serie de poemas sobre la ciudad recogidos en dos volúmenes de Lihn: *A partir de manhattan* (1979), impreso cuando el poeta tenía 50 años, y *Pena de extrañamiento*, aparecido en 1986, dos años antes de su muerte. Otros poemas neoyorkinos de Lihn no formaron parte de un libro publicado durante su vida, pero un número significativo, recopilado bajo el título «Monstruo de Brooklyn», apareció en el verano de 1988 en una edición de *Latin American Literary Review*, y se incorpora en *Figures of Speech* (1999), mi selección y traducción de la obra lihneana. Como veremos, el tema de la soledad y las formas en que los neoyorkinos de Lihn enfrentan esta condición son cruciales para entender y apreciar los poemas que escribió en y sobre la ciudad norteamericana arquetípica.

Tal como García Lorca, Lihn hablaba poco inglés y tenía la misma sensación de nostalgia y soledad que el español. En la sección de *Poeta en Nuevo York* titulada «Paisaje de la multitud que vomita», García Lorca se describe a sí mismo como «poeta sin brazos, perdido / entre la multitud que vomita». La obra del español sobre Nueva York reitera el dolor y desolación de la ciudad mediante alusiones constantes a veneno, crueldad y vil. Mientras el español puede haber sentido en aquellos inicios de la Gran Depresión una intensa sensación de aislamiento, debido, en parte, a su pobre dominio del inglés —se dice que solo se comunicaba en francés con figuras como Hart Crane o el crítico musical Olin Downes y que añoraba constantemente su tierra, a pesar de haber sido tan bienvenido y atendido por amigos americanos y profesores españoles— Lihn parece haberse deleitado en una cierta condición, a la cual crónicamente se refiere como la de un analfabeto. Agrega en «Hipermanhattan» que al nacer los hados lo caparon para que no pudiera hablar inglés. Ambos poetas emplean la imagen de estar aislados de algo —el tacto, la comunicación, la intimidad—. Incluso Lihn describe a la Quinta Avenida como «este río del viento / filudo de Manhattan», que se asemeja al uso frecuente que hace el español de la palabra «filo», generalmente en relación no solo con el frío, sino que también con navajas que se afilan para carnear vacas u otros animales, con la garganta de un marinero cortada por el cielo, y con las velocidades de la ciudad. Lihn, sin embargo, tienda a aceptar la situación de estar aislado por su analfabetismo y la fría impersonalidad de la metrópolis, aunque en «Pascuas de Nueva York» recuerde, es cierto, la mirada que «la muchacha vestida de negro le devolvió ... obviamente glacial, un cuchillo que podía desprender el alma del cuerpo / sin dolor...». Lihn también puede sugerir, con un dejo de humor, que si el paraíso terrenal fuera tan ilegible como Nueva York, el infierno sería preferible a su cacofonía babélica que paradójicamente nunca rompe su silencio a pesar de todo el ruido que la escucha producir. No obstante, tanto el español como Lihn pueden haberse beneficiado de su desconocimiento del inglés y del tener que depender de impresiones distintas al sonido y sentido lingüístico para registrar sus reacciones y respuestas a la experiencia metropolitana. A pesar del impedimento de no hablar bien el idioma, ambos poetas estaban destinados a crear con sellos distintivos una verdadera y aguda poesía sobre su vida en Nueva York.

En el caso de la poesía de García Lorca, se presenta a Nueva York mediante versos surrealistas que plasman una significación algo alegórica. Cada lugar —desde Battery Place a Wall Street y de Harlem a Coney Island— está representado en términos del bien y el mal, es decir, niños, marineros, negros y el mismo poeta que buscan protección de las fuerzas crueles de un entorno insensible. A menudo al sufrimiento se le asocia con animales exóticos o en «Nueva

York» con «la patita de ese gato / quebrada por el automóvil» o en «Navidad en el Hudson» con la lombriz que cantaba «el terror de la rueda» o en «Paisaje de la multitud que orina» el sapo «recién aplastado, / bajo un silencio con mil orejas». La visión del español es desoladora y negativa, de riñas y opresión. Aunque Lihn trató a Nueva York con un historial poético que también hacía énfasis en una visión oscura de la vida contemporánea —algo que había hecho desde *La pieza oscura* de 1963, su primera colección importante, a *La musiquilla de las pobres esferas* de 1969 hasta *París, situación irregular* de 1977— en sus propios poemas de Nueva York, el chileno confiesa su atracción por el terror de esta metrópolis. En el poema «Pena de extrañamiento» declara que al dejar Nueva York se siente «como un cuerpo sin la mitad de su alma / despojado del terror que fascina».

Mientras García Lorca llegó a Nueva York pensando que la ciudad era un «lugar espantoso» y salió de esta «cámara de tortura» sintiéndose más español que nunca, Lihn en poema tras poema parecía experimentar un placer morboso al describir los horrores de la vida metropolitana, especialmente aquellos que encontró en el metro de Nueva York. Por lo tanto, resulta apropiado que el dibujo de la portada de la colección *Pena de extrañamiento* tenga como un rasgo esencial una foto del interior de un carro de metro con su gama de pasajeros; algunos sentados con sus periódicos, otros parados y agarrados a las argollas metálicas. Parece que ninguno estuviera observando a otra persona, sino mirando por las ventanas, escudriñando el cielo raso o clavando la vista en el espacio o en nada especial, a no ser que fueran paredes sucias con avisos, anuncios y graffiti. Puesto que parte importante de la vida de un neoyorkino típico transcurre en el metro, es natural que un extranjero como Lihn haya encontrado en estos viajes los temas de tantos de sus poemas sobre los habitantes de la ciudad. Es curioso que García Lorca nunca mencione al metro en sus poemas sobre Nueva York, aunque Hart Crane había escrito y publicado en formato de revista «The Tunnel», esa magnífica sección de su libro *The Bridge* que sugiere el aspecto y sensación de un viaje en metro, comparándolo con un descenso al infierno. Por lo que yo sé, Lihn no escribió sobre el metro de Santiago o de otras ciudades que visitó, como Madrid y Paris. Sin duda, tanto el español como Lihn conocieron los metros de sus respectivas ciudades —el de Madrid se había inaugurado en 1919—. Entonces, parece que solamente el metro de Nueva York tenía algo que atrajo a Lihn, pero no a García Lorca. Por una parte, el español no se identificaba con las máquinas, prefiriendo más bien el mundo natural. En su poema «Nueva York» —subtitulado «Oficina y denuncia»— García Lorca simpatiza con los «cuatro millones de patos, / cinco millones de cerdos ... un millón de vacas» que «Todos los días se matan en New York». El poeta español sigue diciendo que

> Los patos y las palomas
> y los cerdos y los corderos
> ponen sus gotas de sangre
> debajo de las multiplicaciones,
> y los terribles alaridos de las vacas estrujadas
> llenan de dolor el valle
> donde el Hudson se emborracha con aceite.

(A propósito, el poema de Lihn, «El Hudson en el camino de Poughkeepsie», sobre el mismo río que García Lorca podía ver de la ventana de su pensionado, también se refiere al hecho que aquel que Walt Whitman una vez llamara «el padre de los ríos» está contaminado por «las deyecciones letales» de «las fábricas».) Otra razón para que el español haya ignorado el metro es que las figuras que pueblan sus poemas son, en general, simbólicas o alegóricas, y como tales no derivan de la observación puntual, sino que son más bien tipos representativos en un paisaje surrealista. Rara vez describe García Lorca un lugar específico, aunque indique en subtítulo la fuente de su visión panorámica. Por otro lado, desde una perspectiva más realista Lihn crea retratos individuales y sus personajes se ven frecuentemente viajando o esperando el metro. Mientras en «Manhattan, paso» (que puede ser una alusión a la novela *Manhattan Transfer* de John Dos Passos, cuya versión castellano influyó significativamente en la visión de Nueva York de García Lorca) Lihn puede caracterizar a aquellos que siguen «garrapateando / los interiores del subway» como parte del «loco colectivo» o «el beso de la paranoia», a menudo se centra en personas determinadas que exhiben cualidades o rasgos que los separan de lo que García Lorca llamó «la multitud que vomita» o «que orina».

En por lo menos dos de sus poemas neoyorkinos, Lihn generaliza sobre el metro en vez de describir concretamente a alguno de sus pasajeros. Efectivamente, en un poema titulado simplemente «Subway», Lihn se acerca a las imágenes generales del español que sugieren el horror de la vida en Nuevo York. Sin embargo, incluso aquí Lihn es más realista y no tan «poético» en el sentido lorquiano de acumular versos descriptivos y mágicos que contraponen lo sensible con lo insensible, el sufrimiento contra los opresores, sin nunca realmente identificar un lugar o situación específica. La poesía de Lihn radica, más bien, en el uso de metáforas más directas. La equivalencia entre el metro real y el prisionero es un paralelo que desarrolla de principio a fin de «Subway». La imagen del metro como cárcel de la cual debemos escapar, como se arranca de un dictador romano, es obviamente una de las reacciones que cualquier pasajero ha experimentado frente al «abismo mecánico» con sus hordas que se precipitan a los peligros de las calles de Manhattan con su «ruido infernal / que anuncia el expreso New Lots Avenue / cargado de presos que huyeran al asalto de los túneles». Sin embargo, Lihn también encuentra en el metro figuras con cuyas cualidades humanas se identifica, y tales figuras pueden haberle recordado la compasión de García Lorca por las minorías o los oprimidos; no obstante, el chileno no los presenta como víctimas de condiciones sociales crueles, sino de fuerzas vitales. Por ejemplo, en el poema «Vieja en el subway», Lihn describe a la anciana metafóricamente como un harapo, o un pedazo de cordel podrido; la edad ha tornado su piel en una especie de envoltorio para el aserrín de su carne reblandecida. Su cabeza ha dejado de levantarse y caer como una manilla, aunque paradójicamente, está viajando a una velocidad incomprensible. Sus pertenencias —sacos semi-vacíos— simbolizan su vida al desplazarse de una estación a otra. Cada estación emblematiza la noche en que vive día tras día, como una «flor de la muerte». Sin hogar, aloja a veces en el «Hotel Welfare en Broadway», donde su lecho es «como una foca / para morir en vida». El poeta no culpa a la ciudad por la miseria de esta mujer, sino más bien la describe como una víctima de los efectos del tiempo. El metro, de hecho, parece ser una forma de eludir o postergar la muerte, aunque viva una suerte de muerte en vida. La descripción de ella evoca la realidad de sus circunstancias al mismo tiempo que sugiere la ironía de su vida retardada en el mundo del metro veloz.

El interés de Lihn por crear un «estudio» pictórico del tiempo y la muerte como algo inexorable es quizás más característico de su obra que un poema como «Subway» que se limita a comparar el «abismo mecánico» con la prisión de la cual uno quisiera escapar lo más pronto posible. Parte importante de la escritura de Lihn se ha ocupado del conflicto entre realidades internas y externas. (La lucha del poeta con su propia muerte se articula desgarradamente en su volumen póstumo, *Diario de muerte* [1989], que contiene sus meditaciones sobre el significado de lo que en un poema llama «un buen amigo común».) Desde el inicio de su carrera, Lihn describió poemas en los cuales imaginaba un drama interno que implicaban cuestiones de vida y muerte, pensamiento y acción, lo ideal y lo real. Este mismo drama interno es el tema del poema neoyorkino «Monja en el subway». Una vez más el conflicto que configura aquí no es entre fuerzas opresoras y grupos desvalidos como sucede en García Lorca. Es más bien una oposición entre el mundo material y espiritual, una compleja interrelación que no es tan simple de interpretar como el surrealismo alegórico del español. En este poema de Lihn figura principalmente como emblema lo mundano que la monja rechaza. Como «hija (por lejana que parezca) / de América» ella simboliza, a lo mejor, el frío del norte con su «indiferencia boreal»; también parece representar la paz que falta en su entorno. Permanece inmune, como material resistente al sol, en la metáfora de Lihn, a las emociones de la vida. Su lealtad no está con lo que ve en el metro (en oposición a la identificación del hablante lírico con aquellos que lo rodean). Es leal a otras imágenes —el cielo y el amor a Dios— que la ciegan a la realidad y la transforman en una pieza del mecanismo de «relojería» del cual depende el funcionamiento de Nueva York. O quizás, como dice el hablante, su seguridad parece probar que así es. Sin embargo, en contradicción con esta reciedumbre está su constante temor de que su llama interna —su fe— se extinga. Lihn deja entrever a través de la metáfora de la llama, que paradójicamente describe como fría, que la monja nunca ha permitido que su alma ni germine ni abra como una flor. Al permanecer distante a las «fermentaciones y violencia» de este mundo, se transforma en realidad en una «llama fría en un vaso de escarcha», un miembro indiferente de una orden religiosa. Aquí también, en lugar de condenar la vida en la metrópolis con su delincuencia, hacinamiento e impersonalidad, Lihn descubre a través de su comprensión imaginaria del drama interno de aquellos seres como la monja que el conflicto es personal, existencial y tan ineludible como son las circunstancias sociales inherentes a la vida urbana.

Lo que Lihn observa con más frecuencia en el metro es temor a contemplar el mundo, o una inclinación a ver en éste lo que deseamos en lugar de lo que realmente está presente. Esto puede explicarse, en parte, por el anonimato en que el entorno metropolitano sume a sus habitantes. Esta condición conduce a la soledad que sienten especialmente los extranjeros como Lihn y García Lorca. En un poema el español se describe a sí mismo como manco; en otro alude al trozo de un árbol que no puede cantar. Estas imágenes sugieren aislamiento, incomunicación o falta de intimidad. También Lihn admite que es un poeta «desapercibido» por los transeúntes. Su imagen para el anonimato es la nieve de la Navidad cuando por primera vez los charcos y los escupos comienzan a congelarse en el pavimento antes de que comience el frío generalizado que aísla a unos y a otros.

Como la presenta en su poema «Pascuas en Nueva York» Lihn desciende al infierno del metro donde se conserva y distribuye una pizca de calor a los miserables: los viejos, los enfermos, los adictos a la heroína, los sin hogar. Más tarde entra a un cine donde la película es tan muda como el hablante (puede ser porque es una película muda o que Lihn no comprende el diálogo) y donde la muchacha mencionada antes le da su mirada glacial, cortante como «un cuchillo que podía desprender el alma del cuerpo». En el poema «Nada que ver en la mirada» Lihn desarrolla en más detalle esta idea del aislamiento de aquellos que están en una misma sala o en un carro de metro. Como señala el hablante, «entre desconocidos nadie aquí mira a nadie», aunque la persona fuera Einstein, probablemente el rostro más reconocido universalmente. Igualmente, «En el río del subway» relaciona a Heráclito con la noción de que en el metro nunca se ve la misma cara dos veces. Es un río de plancton que al entrar en contacto con la luz fría cristaliza a estos millones —otra alusión al efecto congelante de ser un individuo anónimo en medio de las multitudes—. Sobre todo, este poema sugiere que el miedo a la comunicación es causa del aislamiento y soledad en la metrópolis. Este mismo tema recuerda las obras dramáticas *The Zoo Story* de Edward Albee, ambientada en Central Park, y *Dutchman* de Amiri Baraka, ambientada en el metro. Ambas concluyen con la muerte de uno de los personajes que había entablado una conversación con un extraño.

En suma, a diferencia de García Lorca, Lihn se sintió atraído por la dura realidad del metro. Mientras al español le repelía Nueva York, Lihn creó poesía que ofrece alabanzas a lo feo y a la naturaleza bárbara de la ciudad. Es irónico que un poeta de Tercer Mundo haya rendido homenaje a la cara incivilizada de la vida norteamericana como también es curioso que los poemas quizás más notables de García Lorca se hayan inspirado en el aspecto más despreciable de Nueva York.

La atracción de Lihn por el terror de la vida neoyorkina se revela con mayor fuerza en otro poema basado en una escena del metro donde representa lo que llama «el monstruo de Brooklyn». Este texto reúne muchas prácticas poéticas y temas abordados en poemas que ya hemos analizado en este trabajo. Primero, encontramos la imagen del metro como prisión; en este caso un campo de concentración.

La descripción del monstruo que viaja en metro se asemeja a la de la anciana que ha sido reducida física y materialmente a un trapo o un saco de aserrín, y que duerme en una cama como una fosa. El monstruo de Brooklyn «viste de conscripto en su semi-desnudez, como un cadáver / que trajeran del campo de concentración al horno crematorio» y sus pies son «mucho más pequeños que los zapatos desnudos». El motivo de aislamiento también se dramatiza con el hecho que nadie sube al metro cuando ven al monstruo por las ventanas garabateadas con graffiti. Lo que hace al monstruo más horripilante es el hecho de ser asexuado —el maquillaje semejante a tiza se le corre como yeso y le da una apariencia macabra—. Pero, el poeta simpatiza con esta figura pavorosa y la compara con un rey o un «intocable» que vive en un mundo solitario y disfruta con este vagón especial que lo transporta a través de la ciudad. Como siempre, Lihn parece encontrar en estos parias rasgos curiosamente heroicos. A través de esta presentación objetiva ensalza su humanidad y su lucha contra las fuerzas del tiempo, la muerte, el temor, las penurias y el anonimato. No hay intento de ofrecer una salida al monstruo y Lihn no desiste de registrar la escena imaginando incluso que curiosamente el monstruo parece disfrutar en su aislamiento.

Como otro «poeta en Nueva York», Enrique Lihn logró aportar a la literatura sobre la ciudad una dimensión poca conocida en la obra de autores como Whitman, Crane y García Lorca que tuvieron lazos más estrechos con Nueva York. De un modo u otro es la poesía en *The Bridge* de Crane, con su visión del metro en la sección del túnel, que la obra de Lihn mejor evoca. Los poemas del metro de Lihn también tienen para mí resonancias de «Mantis» (1934) de Louis Zukofsky, con el insecto atrapado en la corriente de los trenes del metro como símbolo de los desposeídos de la época de la Depresión. En el tratamiento formal (una sextina) que da Zukofsky a su tema, encontramos énfasis en los asientos de piedra de los pobres, en estos como demasiado marginados para salvarse de las ruedas de las máquinas que amenazan con aplastarlos bajo su peso cruel.

Por su parte, Lihn recalca el esfuerzo persistente de los pasajeros del metro por desafiar a la muerte y el ostracismo y su aceptación del aislamiento como algo inevitable y no susceptible de ser cambiado por la autocompasión o los programas sociales. Da la impresión de que en instantáneas tales como aquellas de la anciana y del monstruo Lihn reconocía, según él, a sus propios «Antepasados instantáneos». Agrega en el poema principal de la colección *Pena de extrañamiento* que estas fotos, aunque adquiridas a un precio bajísimo, no tardaron en obligarlo emocionalmente a considerar Nueva York como ciudad natal. Al partir de regreso a su «lejano país / de todo o nada», como lo llama en «El otoño de Long Island», declara que en realidad nunca dejará Nueva York y que sus diez millones de habitantes continuarán poblando su memoria en las esquinas de calles «tan innotori[as]». En efecto, Lihn, «poeta analfabeto», interpretó las significaciones más profundas de aquellas vidas y posibilitó una comunicación que acaba con su aislamiento y anonimato. Desde Alexis de Tocqueville a Federico García Lorca, Enrique Lihn se integró a una galería de distinguidos observadores extranjeros. Sin comprender el idioma que escuchó en el metro, hace más inteligible para nosotros la compleja vida de Nueva York y las fuerzas que eternamente operan en un entorno urbano contemporáneo.

TRADUCCIÓN DE IRENE ROSTAGNO Y ABELARDO AVENDAÑO, UNIVERSIDAD METROPOLITANA

Rememorando la historia literaria con Alicia Galaz

Todos los descubrimientos ocurren como resultado de una serie de conexiones o de una reacción en cadena, aun cuando en el momento puedan parecer simplemente un golpe de suerte[154]. Y a no ser que uno los esté buscando —o sean buscados por otros, por interés personal, o por experiencia en el tema— es improbable que sean descubiertos, sea un dato, una persona, un asunto o una idea percibida. Esta fue ciertamente mi experiencia al conocer el trabajo de Alicia Galaz. Inicialmente, su nombre me había llamado la atención —y una definición de esta palabra es «concentrar la mente en un objeto de interés o meditación»— a través de una serie de hechos y encuentros que siguieron luego de haber postulado a un puesto como profesor en el Instituto Chileno-norteamericano en Santiago. Esto fue después de haber pasado un mes en Chile, durante nuestro verano de 1965, como miembro de un programa de intercambio estudiantil. Mi interés en la poesía chilena comenzó al leer la an-

---

154 «Rememorando la historia literaria con Alicia Galaz», *Trilce*, no. 28 (2010): 10-13.

tipoesía de Nicanor Parra y haberlo conocido personalmente durante esa primera visita a Chile, a lo que él ha denominado «un paisaje» y no «un país». Durante mi permanencia en el Instituto en 1966 fui invitado por Carlos Cortínez para que visitara su Universidad Austral en Valdivia y presentara un par de conferencias sobre poesía norteamericana. Fue allí donde fui presentado al Grupo Trilce y pude conocer el excelente trabajo que desarrollaban varios escritores, incluyendo a Cortínez y Omar Lara, el editor de la revista *Trilce*, publicación que continúa hasta hoy.

    Antes de mi visita a Valdivia, el conocimiento que tenía de los poetas chilenos contemporáneos, aparte de Neruda, Parra y Enrique Lihn, era muy escaso. Pero después de conocer a Carlos y Omar comencé a desarrollar un gran interés por aprender más sobre la joven generación de poetas. Al dejar Chile a fines de enero de 1967 para regresar a Texas, mi esposa chilena y yo pasamos nuestra luna de miel en Ciudad de México y fue allí donde descubrí dos revistas con publicaciones de poetas chilenos cuyo trabajo ignoraba. Al suscribirme a *El corno emplumado* encontré en uno de sus números de 1968 una serie de poemas de Cecilia Vicuña y, a través de mi suscripción a *Mundo nuevo*, leí en su número final de 1971 dos poemas de Alicia Galaz y de otros poetas del Grupo Tebaida, incluyendo uno de Oliver Welden. Tanto me impresionó la introducción a la Antología breve, escrita por Alicia y Oliver, donde explicaban su labor de promoción de la nueva poesía del Norte Grande de Chile que, cuando mi esposa María Isabel y yo regresamos a Chile en el invierno de 1971, tenía la gran esperanza de contactarlos y, tal vez, incluso visitarlos en Arica. A través de una invitación de la Universidad de Chile (sede Arica) y con el apoyo de la embajada de los Estados Unidos, María y yo viajamos al «Nortegrande» (título de un poema de Alicia que posteriormente traduje como «Far North») donde conocí al Grupo Tebaida. Y, como se suele decir, el resto es historia, ya que de ese «Encuentro en Arica» (título de un poema mío que dediqué a Oliver) reuní el material para una antología de poesía chilena, publicada en 1972 por *Road Apple Review* de Wisconsin, que señaló el comienzo de mi amistad con varias generaciones de poetas chilenos.

Entre los poemas de Alicia Galaz, que traduje para el número especial de *Road Apple Review*, figuraba uno que había aparecido en *Mundo nuevo* con el título de «Julián», un bello soneto con un epígrafe de Unamuno: «Esperanzas siempre verdes y sin fruto siempre, esperanzas en eterna flor de esperanza». En mi traducción intenté mantener la estructura de la rima del poema de Alicia y, al mismo tiempo, ser fiel al relato del parto y muerte simultánea de un hijo. Años después traduje otro poema suyo, «El parto», sobre un nacimiento, donde describe el embarazo y su «fruto» triunfal que cuelga de los pechos de la madre. En ese tiempo el mensaje de estos dos poemas era la expresión, por parte de las escritoras, de una toma de conciencia de sus propias voces y de temas exclusivos de la mujer. Durante la década anterior el movimiento feminista había animado a la mujer a expresarse y a tomar el control de su vida y de su cuerpo. Este tema también atraviesa la poesía de Alicia, perfectamente ejemplificado en el poema «Hembrimasoquismo» (el primero en su colección *Jaula gruesa para el animal hembra* de 1972), y especialmente en el verso que dice: «me controlan la matriz». Su poema está dirigido, en un sentido, a todos los hombres y las leyes que imponen limitaciones o restricciones a los derechos de la mujer para parir o no parir, y al final el hablante lírico del poema declara: «Y a ti que te sonríes, te borraré del Paraíso». Mi traducción de «Hembrimasoquismo» se publicó en 1994 en una antología titulada en inglés,

These Are Not Sweet Girls: Poetry by Latin American Women, editada por Marjorie Agosín, que dedica su compilación «A las valientes mujeres poetas de Latinoamérica que se atrevieron a hablar». Los poemas «feministas» de Alicia siguen proporcionándome un gran agrado por el lenguaje fuerte y directo, las vívidas imágenes de la mujer que espera dar a luz sus esperanzas y temores, su malestar físico y su alegría, no sólo en su «apostolado de sábanas» sino que, como ella dice en «Autorreferencias», en «la embriaguez al buche misterioso».

Como la mayoría, si no todas las poetas chilenas, Alicia era una devota de la poesía de Gabriela Mistral, en especial de los poemas sobre la relación madre-hijo. Como editor de *The Library Chronicle*, una publicación académica de la Universidad de Texas en Austin, se me encargó hacer en 1991 un número dedicado a la Colección Latinoamericana de la Biblioteca Benson de la universidad. Conocedor de que Alicia había escrito sobre Mistral en su libro *Alta marea* de 1988, le solicité que contribuyera con un artículo sobre la Colección Gabriela Mistral de la Biblioteca Benson. Alicia conocía bastante bien la Colección ya que en 1990 había estado becada en Austin, realizando una investigación literaria en esa biblioteca. Como resultado, escribió con gran facilidad su ensayo «Gabriela Mistral: The Christian Matriarch of Latin America», que fue publicado tanto en el *Chronicle* como en el libro *Nahuatl* to *Rayuela: The Latin American Collection at Texas*. En su artículo, Alicia presenta un magnífico panorama de los títulos de la Biblioteca Benson y los relaciona con los principales libros de Mistral y su recurrente simbolismo de la madre como una suerte de Cristo cuyo árbol-cruz, sangre-lágrimas y lagar de sufrimiento materno refleja su propia «crucifixión», como en *Lagar* donde Mistral escribe: «y tres días estuve cubierta, / rica de él como de mi sangre». En *Alta marea*, Alicia había sugerido que el hijo adoptivo de Mistral (sobrino-hijo) era en realidad su propio hijo: «Presiento que esta teoría puede levantar enconadas protestas, pero es necesario aceptar que, si en un algún siglo futuro se hiciera válida esta teoría, ello no serviría sino para comprobar hasta qué punto la sociedad gazmoña, hipócrita y farisaica exigía de la mujer el ocultar, avergonzarse o disfrazar la sublime maternidad que ella medía en toda su grandeza». Sólo recientemente algunos estudiosos han aceptado la «teoría» de Alicia como algo más que hipotética. Pero en lo que concierne a la propia poesía de Alicia, en cuanto a la relación entre la madre y el hijo, parece estar claro que su «Julián» y «El parto» descienden de «el árbol de luto» de *Lagar* de Mistral y de las «canciones de cuna, rondas infantiles y jugarretas» de *Ternura*.

Mucho más original, o mucho más ella misma, es el poema de Alicia titulado «Mi madre me tortura en la punta de la silla», en el que critica la relación madre-hija construida sobre convenciones sociales. Mientras que el varón de la familia goza de todas las libertades y desde el hermano ya

> trepa escalas,
> saca frutas, se raja el pantalón con el gran siete
> de la victoria en su primera independencia,
> al regresar libre de nosotras, 30 metros adelante,

la niña, en cambio, debe sentarse inmóvil y escuchar todo lo que se le dice para llegar a ser una dama, incluyendo «los peligros / de las relaciones prematuras» y las conversaciones sobre «ventajosos matrimonios». El esposo-padre ha de ser respetado siempre y su taza de café servida a tiempo. Pero el hablante femenino del poema ya comienza a *tejer*, desde muy temprana edad, sus propias «fantasías / sobre» su «madre comedida». Manuel Rojas escribió sobre la poesía de Alicia: «Si Gabriela Mistral hubiese tenido toda la experiencia que ha tenido Alicia Galaz, de seguro habría escrito así, con esta robustez y esta realidad».

Cuando traduje «Julián» en 1971 yo no había leído a Luis de Góngora, cuya poesía Alicia había estudiado minuciosamente, y sabía yo muy poco de la poesía inglesa de Ben Jonson. Fue más tarde cuando volví a leer mi traducción de «Julián» que descubrí una conexión entre el soneto de Alicia y un poema de Jonson, su «A la inmortal memoria y amistad de ese noble par Sr. Lucius Cary y Sr. H. Morison», publicado a comienzos del siglo 17. El poema de Alicia dice a Julián que cuando «Pergeñabas la vida y en tu entrega, / vaciado de tu órbita a la nada, / fuiste sombra, de dos un pensamiento». Jonson, que había perdido su primer hijo y que escribió un poema igual de conmovedor sobre su pérdida, recuerda en su poema sobre Cary y Morison el cuento, en Historia natural de Pliny, de un niño que nació durante la Primera Guerra Púnica cuando Aníbal destruyó la ciudad de Saguntum. En la versión de Jonson éste se dirige al «valiente infante» y le dice:

> Y tú, ya mirando a diestra y siniestra,
> aunque aún no habías salido del todo,
> niño juicioso, de inmediato regresaste al útero,
> para hacer del vientre de tu madre tu propia tumba.
> Resumiste la vida en un círculo de nacimiento y muerte
> con la profunda sabiduría que nosotros
> todavía buscamos.

Al igual que en el soneto de Alicia, el poema de Jonson presenta una imagen de la vida que complete un círculo desde su mismo comienzo, con el nacimiento y la muerte simultáneos e instantáneos. Más aún, la metáfora geométrica de Jonson debe recordarles a los lectores de John Donne su «Una despedida, duelo lúgubre», en el cual el poeta se dirige a su esposa y le asegura que su «firmeza hace que mi círculo sea justo, / y me hace terminar donde había comenzado». Y no de manera incidental otro poema de Alicia, en su *Oficio de mudanza* de 1987, se titula «Círculo cerrado». Además, la imagen del círculo hará recordar a los lectores de William Butler Yeats su poema «La segunda venida», con su «giro que se expande» y su declaración que «Todo se desmorona; el centro no aguanta; / la anarquía total cae sobre el mundo». La frase «todo se desmorona» («things fall apart») fue tomada de Yeats por Chinua Achebe para su novela clásica de 1958 que lleva ese título. El poema «Julián» de Alicia está en muy buena compañía.

Mi descubrimiento de la relación de Alicia con una gran tradición inglesa se erige para mí como un testamento a su continuo legado y me ha hecho apreciar aún más el trabajo perdurable de esta poeta chilena. Tales conexiones entre la poesía en español y en inglés son para mí uno de los grandes beneficios de haber conocido ese número de la revista *Mundo nuevo* con la antología breve compilada y presentada por Alicia y Oliver. Puede que el nexo entre el soneto del siglo 20 de Alicia y la elegía del siglo 17 de Jonson a Cary y Morison exista sólo en mi imaginación; sin embargo, me ha ayudado no sólo a ver una imagen y pensamiento translingüísticos y universales en el poema de Alicia, sino que, además, a pensar en el interés erudito que Alicia tenía por la poesía de Góngora, que fue casi un contemporáneo perfecto de Jonson, siendo las fechas del primero 1561-1627 y las del segundo 1572-1637. Puede que la poesía de Góngora y Jonson tengan poco en común, pero puede también que compartan más ideas y modismos de los que estoy enterado, ya que no he estudiado suficientemente a Góngora. Le agradezco a Alicia el haberme presentado a este español del cual hay dos poemas con los cuales me pude relacionar de inmediato. En el *Romance a Angélica y Medoro* me fascinaron los versos: «Las venas con poca sangre, / los ojos con mucha noche», y una estrofa final en una de sus letrillas me recordó a Shakespeare, el contemporáneo del siglo 17 de Góngora, Jonson y Donne. En *Sueño de una noche de verano* el bardo inglés presenta la escena de Píramo y Tisbe separados por una pared, «a través de la cual los amantes (…) susurraban a menudo secretamente». La versión ingeniosa y erótica de Góngora de la famosa pareja dice:

> Pues Amor es tan cruel,
> que de Píramo y su amada
> hace tálamo una espada,
> do se junten ella y él,
> sea mi Tisbe un pastel,
> y la espada sea mi diente,
> y ríase la gente.

TRADUCCIÓN DE OLIVER WELDEN

Introducción a la traducción de Perro del amor de Oliver Welden

En febrero de 1973, tres jóvenes chilenos con aspiraciones de ser poetas, con sólo unos pocos pesos en sus bolsillos y con sus frazadas enrolladas y amarradas por cordeles sobre sus espaldas, emprenden un viaje *a dedo*, para ser llevados por automóviles o camiones que transitaran desde Santiago, la capital, hasta Arica en el norte casi en la frontera con el Perú, cubriendo la mitad de las 3.000 millas del territorio chileno[155].

A veces viajaban con los camioneros que transportaban comestibles y repuestos de maquinaria a los pueblos que salpican el Desierto de Atacama, el segundo desierto entre los más áridos del mundo. La razón por la cual estos jóvenes hacían este viaje de 1.500 millas con zapatos rotos, con hoyos, y a merced del calor del día y el frío por la noche, era para encontrar al poeta Oliver Welden, autor del *Perro del amor*, un libro cuyo título les parecía iconoclasta y totalmente nuevo en las letras chilenas. Por medio de

---

155 «Introducción» a *Love Hound* de Oliver Welden (Austin, Texas: Host Publications, 2006), i-v.

su peregrinaje a Arica, rendirían homenaje a Welden que, en 1968, con el manuscrito *Perro del amor,* había ganado el premio nacional «Luis Tello», otorgado por la Sociedad de Escritores de Chile. Ulteriormente, en 1970, el libro se publicó en Antofagasta por Ediciones Mimbres-Tebaida, con un hermoso diseño, ilustrado por el artista y poeta visual chileno Guillermo Deisler. Treinta y dos años después de ese recorrido, Javier Campos, uno de los tres jóvenes poetas, aún recordó de su viaje a Arica y del impacto que le produjeron los veintitrés poemas que comprenden el pequeño libro de Welden. A más de tres décadas de la publicación de *Perro del amor* no se había olvidado del libro, a pesar de que, según Campos, ni en la Biblioteca Nacional ni en otras bibliotecas de Chile había un ejemplar de este poemario.

Mi propio conocimiento de *Perro del amor* data de 1971. En julio de ese año, leí en el último número de la destacada revista *Mundo nuevo,* publicada en París, una pequeña antología de poemas compilada e introducida por Oliver Welden y su esposa-poeta Alicia Galaz Vivar. Esta selección de poemas provenía de los trabajos de autores que Welden y Galaz estaban publicando desde Arica en su embrionaria revista *Tebaida.* Ese mismo mes de julio, mi esposa María Isabel y yo visitamos su país natal y, desde Santiago, me puse en contacto con Oliver y Alicia. Por medio del patrocinio de la Embajada de Estados Unidos y el amparo de la Universidad de Chile sede Arica, pudimos viajar en avión a la ciudad que queda más al norte del territorio nacional, donde conocimos a la pareja de poetas. En esa ocasión Oliver me regaló un ejemplar de *Perro del amor* con una dedicatoria firmada y fechada. Al año siguiente, seis de los poemas de su libro aparecieron en una antología de poesía chilena que yo había seleccionado y traducido para un número especial de la revista *Road Apple Review* de Oshkosh, Wisconsin. Robert

Bly, el distinguido poeta y traductor norteamericano, vio ese número de la revista publicado en la primavera de 1972, y escribió una nota a los editores para felicitarlos y agradecerles por haber tenido la posibilidad de conocer la poesía de los chilenos. En su mensaje, Bly mencionó especialmente los poemas de Welden como sus favoritos entre la poesía de los veintidós autores incluidos en ese número de *Road Apple Review*.

Cuando en 1970 apareció *Perro del amor*, este fue ampliamente reseñado en Chile, particularmente por críticos tales como Ignacio Valente, Hernán del Solar y Hernán Loyola, igual que por varios poetas destacados, incluyendo a Jorge Teillier, Omar Lara, Waldo Rojas, Andrés Sabella, Ariel Santibáñez y Floridor Pérez. Las reseñas eran uniformemente favorables y celebraban el lenguaje de Welden como fresco, sintético y penetrante. En *El Mercurio*, Ignacio Valente comentó que sus textos eran objetivos e intensos en transmitir un sentimiento de desilusión vital como tan a menudo se experimenta, y que el poeta expresaba sus propios sentimientos sin placer ni compasión. También en *El Mercurio*, Hernán del Solar señaló que Welden se situaba, vitalmente, entre la rebeldía y una sumisión sarcástica, no debido a la exaltación o pequeñez de sus temas, sino que fundamentalmente a través de la utilización de un lenguaje que con naturalidad expresaba una existencia monótona y mecánica. Por otra parte, en *El Siglo*, Hernán Loyola dijo que el libro llenaba con potencia lírica las anécdotas que parecían más ligeras y triviales. El crítico también resumió las tres secciones del libro de la siguiente manera: la primera, la presentación de una dimensión trágica en términos de soledad, suicidio y homicidio; la segunda, la presencia de una atmósfera familiar degradada; y la tercera, la densidad poderosa y emocional de lo erótico a través de un tratamiento enjuto y sintético. Por su parte, Jorge Teillier observó en ¡Puro Chile! que la poesía negra de Welden reflejaba la búsqueda desesperada de un adolescente, expresada a través de una dicción despiadada y tan concisa como un epitafio.

El 11 de septiembre de 1973, el golpe de estado depuso el gobierno democrático del socialista Salvador Allende, y muchos poetas fueron exiliados o eligieron salir del país en vez de vivir bajo un régimen militar. Oliver y Alicia se fueron a los Estados Unidos y nunca volvieron a Chile, a diferencia de otros poetas que regresaron después de la caída de la dictadura del General Pinochet. Radicados en el estado de Alabama y luego en Tennessee, la pareja seguía escribiendo, Alicia enseñando como profesora y Oliver trabajando en clínicas de reposo. Durante esos años Oliver produjo tres manuscritos de poesía, pero solamente cuatro poemas aparecieron en 2005 en la revista *Trilce*, editada por Omar Lara, quien declaró que Welden era «uno de los más destacados poetas de la Generación de 1960».

En una entrevista que se publicó en *El Mercurio* el 25 de octubre de 2003, el novelista Roberto Bolaño relató: «Yo me acuerdo, por ejemplo, de Oliver Welden, de quien ya nadie guarda el menor recuerdo en este país. Era un poeta de Arica y bastante bueno, al menos se podía leer». Sin embargo, hacia el año 2005, las referencias a Welden empezaban a aparecer en publicaciones, no solamente en Chile, sino también en otros países. De Panamá, Rolando Gabrielli escribió para una revista en Buenos Aires. Allí se preguntaba:

> ¿Qué ha pasado con el poeta Oliver Welden que una tarde primaveral viajó a los Estados Unidos y desapareció dentro de la diáspora? (…). Tengo en mis manos *Perro del amor*, en el cual leo una poesía que se anida en mi memoria. Nos regala buenos poemas y los pongo en la mesa desde hace más de tres décadas, pues nunca es demasiado

tarde cuando una poesía nos lleva a experimentar nuevas cosas, no importa qué edad tenga.

A lo largo de Chile varias son las voces que recuerdan, tanto al libro como a su autor, con nostalgia y pena. Desde el sur, Virginia Vidal escribió que el nombre de Oliver Welden se vincula inevitablemente con su gran libro *Perro del amor,* y desde La Serena, Arturo Volantines afirmó que *Perro del amor* es un libro importante que ya forma parte de la herencia de la literatura chilena. Volantines lo elogia como un ejemplo del artista notable por la ética de su poesía y por su significado social; al mismo tiempo lamenta el enorme daño provocado por el exilio al dispersar su generación. Desde Valparaíso, Carlos Amador Marchant pedía a sus lectores que le permitieran traer de vuelta el nombre de Oliver Welden, silenciado durante tres décadas. Marchant se preguntaba si alguien había podido encontrar los libros *Anhista* y *Perro del amor* en algún lugar extraviado en la larga geografía de Chile. Imposible, afirmaba, no hay ejemplares y se echan tanto de menos.

Para hacer disponible este memorable y premiado libro de Oliver Welden, Host Publications presenta con orgullo esta edición bilingüe de *Perro del amor,* que incluye algunos de los grabados de Guillermo Deisler que originalmente ilustraban la primera edición. Que la poesía de Welden ha superado el paso del tiempo queda demostrado por los muchos elogios a su pequeña colección de veintitrés poemas, no sólo en su publicación de 1970, sino décadas después. El interés duradero en la obra del poeta se atestigua también por la publicación venidera de dos de sus manuscritos, *Oscura palabra* y *Fábulas ocultas*, en ediciones de editoriales chilenas. [En 2010, *Oscura palabra: poesía 1970-2006* apareció en una edición de LOM, con prólogo de Renard

Betancourt, presentación de Virginia Vidal y epílogo de Carlos Amador Marchant.]

Por último, y para ofrecer un ejemplo de la poesía de Oliver Welden durante los años en que Alicia Galaz y él vivían lejos de su país natal, doy fin a esta introducción con un poema de Oliver titulado «Otoño en Alabama», con su epígrafe tomado de un poema de su compañera en la poesía y en la vida que dejó este mundo en 2003.

> Otoño en Alabama
>   y yo aquí me hallo en una tarde de sombras
>
>   mientras la lluvia se escurre
>   —otra vez la lluvia—
>
>   y se aleja con un ruido de huesos
>   ALICIA GALAZ

Cuando todo lo que existe nos es ajeno
y definitivamente no nos pertenece,
la patria incluso, extraña y lejana,
como un paraguas viejo cerrado en la memoria,
te aferras al amor como el cojo a su muleta
y comienzas a escribir
Otoño en Alabama,
para decirte a ti mismo, oh tan profundamente:
todo lo que existe nos es ajeno
y ¿sabes? definitivamente no nos pertenece.
Entonces caen las hojas como caen las hojas
en todos los otoños del mundo.

TRADUCCIÓN DE DAVE OLIPHANT Y MARÍA INÉS ZALDÍVAR

La poesía y la antipoesía de Chile

Para una nación de sólo trece millones de habitantes, Chile tiene la distinción de ser el lugar de nacimiento de al menos cinco poetas de renombre mundial, dos de ellos, Gabriel Mistral y Pablo Neruda, ganadores del Premio Nobel de Literatura[156]. Un tercer poeta que ha sido promocionado como merecedor del Premio Noble es el autoproclamado antipoeta de 84 años, Nicanor Parra. El concepto de antipoesía prescrito por Parra —«En poesía se permite todo»; «En la sinceridad está el peligro»; y «la verdad es un error colectivo»— hereda algo de la indignación iconoclasta de un poeta chileno antecesor, Vicente Huidobro, quien declaró: «El poeta es un pequeño Dios»; «El gran peligro del poema es lo poético»; y «el adjetivo, cuando no da vida, mata». Siguiendo a Huidobro y Parra, un quinto poeta chileno, Enrique Lihn, continuó la tradición antipoética atacando tanto a su médium como a sí mismo como mensajero, afirmando que la poesía es un «Montón de lodo agitado por la casualidad» y que «el trabajo» del poeta es «estéril» «en su impotencia laboriosa». A pesar de lo que puede parecer un enfoque

---

156 «La poesía y la antipoesía de Chile», *The Dirty Goat*, no. 10 (1999): 1-3.

demasiado negativo y por tanto limitado de la elaboración de un poema, los poetas chilenos han producido en el modo antipoético algunas de las escrituras más provocativas y originales de la última mitad del siglo XX.

La presente selección de un puñado de poetas chilenos es poco representativa de la amplia gama de estilos y técnicas de los escritores de arriba abajo en su tierra larga, delgada y muy variada. Sólo uno de los poetas, Francisco Véjar, ejemplifica una tradición más romántica que siempre ha existido en la poesía chilena y tal vez ha inspirado más profundamente en los últimos tiempos la obra de Jorge Teillier, que como la de Neruda fue producto de la lluviosa región sureña del país. Pero el énfasis aquí, necesariamente, está en el estilo más antipoético, que ha tenido, a través de la influencia de Parra y Lihn, un impacto tan profundo en la generación más joven de poetas chilenos. El primer poema ofrecido es una obra temprana de Enrique Lihn, descubierta sólo en 1998, diez años después de la muerte del poeta y unos 45 años después de su composición original en 1952. El «Retrato» de Lihn es claramente un autorretrato, y aunque antecede la publicación de *Poemas y antipoemas*, la colección definitoria de Nicanor Parra de 1954, este poema temprano indica que Lihn estaba bien consciente del trabajo de Parra, que había comenzado su influencia con su primera colección publicada en 1937[157]. Ya es evidente en el autorretrato de Lihn su característico desprecio de sí mismo como persona y poeta, que, aunque bastante antipoético a su ma-

---

157 Sólo muchos años después, leí en una entrevista con Lihn que *Poemas y antipoemas* fue «una de las primeras cosas que nosotros, de jóvenes, conocimos de Nicanor». Véase Marcelo Coddou, «A la verdad por lo imaginario», en *Enrique Lihn Entrevistas*, compilación de Daniel Fuenzalida (Santiago: J.C. Sáez Editor, 2005), 67.

nera, contrasta con la «Advertencia al lector» de Parra en sus *Poemas y antipoemas*, donde responde a la acusación de que «Si el propio autor empieza por desprestigiar sus escritos, /¡Qué podrá esperarse de ellos!» con la afirmación de que «me vanaglorio de mis limitaciones, / Pongo por las nubes mis creaciones». Aunque Lihn no puede exhibir el mismo tipo de orgullo humorístico que Parra, ciertamente comparte con él y Huidobro el sentido del poder poético de una «anti» mirada, de ser un «pequeño dios» de su «desterrado dominio», «rabioso en su alegría, alegre en su tristeza». (Para más poesía de Lihn, véase los números 1 y 2 de *The Dirty Goat*.)

El antipoeta de Chile es, por definición, un poeta que toma en serio sus escritos y, sin embargo, puede burlarse de sus propias debilidades. Esto se demuestra repetidamente en el poema más largo y en cierto modo más ambicioso de Nicanor Parra a la fecha, su elegía de más de 400 líneas en memoria de su compañero de clase y compañero poeta, Luis Oyarzún. Como todos los antipoemas serio-cómicos de Parra, su homenaje a Oyarzún —publicado por primera vez en diciembre de 1997 en el periódico chileno *El Mercurio*— contiene palabras y frases difíciles de traducir en otro idioma, comenzando en este caso con el título «Aunque no vengo preparado», que juega con la típica negación de un orador: que él no ha venido preparado para dar un discurso, pero después el mismo orador comenzará a hablar y hablar, enamorado con el sonido de su propia voz. Aquí, como en otras obras, Parra inserta letras adicionales en ciertas palabras —en este caso «preparado»— para formar algo nuevo haciendo un juego de palabras con su propio nombre: «pre-*parra*do». Del mismo modo, agrega la letra «i» a la palabra «particular» para referirse al verbo «culiar», una palabra procaz chilena para aludir al coito. Otro ejemplo de lo lúdico de Parra viene con el cambio del nombre de la escuela de pedagogía en la Universidad de Chile al agregarle una «i» y una «a» a «peda» para formar la palabra «piedra», refiriéndose a las protestas estudiantiles. Estos son ejemplos de los métodos que usa Parra para satirizar a los individuos y a las instituciones, incluso cuando, por el contrario, él elogia a Oyarzún, que se distinguió como profesor universitario y administrador.

El lado más serio de Parra está ilustrado por su amplio conocimiento literario, lo que toma forma a través de alusiones a la filosofía griega y alemana, la literatura chilena (entre otros, Gabriela Mistral, Enrique Lihn, Jorge Millas y Enrique Lafourcade) y la obra de Shakespeare (en particular *Hamlet* y *El rey Lear*, el último de los cuales ha traducido brillantemente para ser representada. Además, la elegía de Parra aborda cuestiones contemporáneas como la ecología y la contaminación, la explosión demográfica, la política (mirando a todas las formas de gobierno como dictadura, preguntándose si acaso el retorno al socialismo marcaría alguna diferencia), la economía (proponiendo la adopción del Sistema de Mínima Subsistencia del pueblo mapuche), deportes (tanto fútbol como el ejercicio de hacer «Sonetos en colaboración»), y creencias y prácticas religiosas. A través de las 46 secciones de su elegía, Parra manipula juguetonamente el lenguaje para lograr un comentario constante sobre lo que él llama en sus *Poemas y antipoemas* «Los vicios del mundo moderno». Ahora, en la mitad de sus 80, el antipoeta continúa creando líneas que revelan la hipocresía bajo nuestra palabra y obra contemporánea, resumiendo gran parte del período desde la década de 1930. El antipoeta llega incluso a predecir el futuro en la sección titulada «¿Qué pasará en el próximo siglo?» con respuestas como: «La vida humana se duplicará»; «Fin a los ataúdes personales»; y la elección como el presidente del país del Cristo de Elqui, un personaje de su autoría basado en un vagabundo chileno. Su homenaje a Luis Oyarzún también revela cuán arraigada está su antipoesía en la cultura popular, aludiendo en la sección titulada «Lo que oyen Sras & Sres» a un refrán del Padre Gatica que no practica lo que predica, mientras que Oyarzún practicaba pero no predicaba.

Los poetas más jóvenes de Chile se han visto profundamente afectados por la irreverencia de Parra y su disposición para hablar sobre cualquier tema, especialmente a través de los objetos o actividades más mundanas. Esto es evidente en particular en el trabajo de dos mujeres poetas, Heddy Navarro Harris y Carmen Gloria Berríos. Ambas ilustran el modo antipoético a través de su uso directo e ingenioso del lenguaje. Como recomienda Parra, el lenguaje de la poesía no debe ser diferente al que el lector habla. Harris se limita a una analogía simple y concisa entre un canario y su amante o compañero que voló de la jaula por otra mujer, mientras que Berríos puede trabajar con comida y sabor como una forma de discutir asuntos tan atemporales como la trascendencia y la venganza.

Tomás Harris y Diego Maquieira también hablan como el lector habla, aunque puedan estar hablando de temas que están más alejados de la experiencia inmediata del lector. Harris (sin relación con Heddy Navarro) se remonta a la época de los conquistadores españoles por su tema, pero tal como el motivo atemporal de Berríos, lo suyo es la venganza, lo que me recuerda a William Carlos Williams en 1925 con su ensayo «DeSoto y el Nuevo Mundo». En la historia de Williams, la tierra es una mujer que ama y conquista al español y son los soldados del conquistador que se vengan de su capitán porfiado, mientras que en la historia de Harris, que trata de Alonso González Nájera, las indias lo atraparon y lo «transformaron en un Midas coprófilo». El final ingenioso del poema de Harris es diferente del ingenio de Parra, como lo es también el estilo narrativo que Harris emplea; tanto Harris como Maquieira, de hecho, han creado su propio enfoque, siguiendo a Parra al encontrar una forma de hacer cualquier cosa en la poesía. Sus poemas incluyen videojuegos, jets Phantom, gorilas, pinturas renacentistas, estrellas de cine y personajes históricos de la conquista española, la Inquisición y la mafia.

Al igual que Parra, ellos satirizan la sociedad contemporánea, pero en lugar de atacar directamente, Harris y Maquieira tienden a hacerlo a través de escenas no asociadas con el Chile moderno sino que extraídas de lugares y épocas anteriores; sin embargo, los paralelos con la evolución política en Chile son claramente identificables e innegables, aunque en el caso de las alegorías oscuras y futuristas de Maquieira, pueden ser más difíciles de descifrar para aquellos que no vivieron la censura de un régimen militar. Aun así, la referencia de Maquieira a la libertad debe recordarles a los lectores que Chile, con el tiempo, ha disfrutado de la más larga tradición de democracia entre las naciones latinoamericanas. La diferencia política ha dominado las noticias provenientes desde Chile a partir de la época del gobierno minoritario de Allende, y aunque el país está prosperando como nunca, poetas como Harris y Maquieira tienen una visión sombría del presente y el futuro del país. Los efectos de la dictadura aún resuenan en su poesía, haciéndola más obtusa que la antipoética de Parra. Raramente estos dos poetas jóvenes transmiten una nota esperanzadora. Por contraste dramático, el poema de Francisco Véjar, «Lo que te ofrezco», es románticamente optimista, lo que demuestra que incluso en Chile también hay poetas que creen en la posibilidad de sueños y puentes.

Traducción de Jéssica Maralla

Presentación de Pequeña antología tejana

Los doce poetas tejanos que acá se presentan en español son un microcosmo de la poesía que se escribe hoy en día en los Estados Unidos[158]. Entre los tejanos en esta selección hay poetas de distintas etnias que incluyen a mexicano-americanos, una afro-americana, una árabe-americana y varios anglosajones. Además, en el caso mío, existe una influencia chilena a través de mi adorada esposa y sus descendientes de Ovalle y La Chimba. Los estilos poéticos que se incluyen en esta muestra encarnan los movimientos actuales tanto en el país como en el estado de Tejas. Entre las perspectivas de estos poetas tan sensibles a su entorno, tenemos: el argumento casi surrealista de Stan Rice; el sentido del humor de

---

158 «Presentación» de una «Pequeña antología tejana», *El Navegante* 2, no. 2 (2007): 116-135. Los doce poetas y los títulos de sus poemas en traducción son: Charles Behlen, «Pulmón de acero»; Susan Bright, «El cielo cae en silencio»; Robert Burlingame, «La ratona del bosque»; Beverly Caldwell, «Oraciones de vida»; Ray González, «En»; Rebecca González, «Los trabajadores en los terrenos de la sandía»; Walt McDonald, «Donde ha menudo se escucha»; Harryette Mullen, «La sirena de Palmares»; Dave Oliphant, «El bordado de María»; Stan Rice, «El argumento Redondo»; Richard Sale, «La cancion de la ballena»; Naomi Shihab Nye, «Doblez».

Richard Sale; la preocupación por la amenaza tecnológica a la naturaleza de Susan Bright; la fascinación por las «ruinas pequeñas» de Naomi Shihab Nye; la búsqueda por el entendimiento, el amor y la paz de Ray González; el juego de palabras y sonidos de Harryette Mullen; la compasión por la pobre ratona de bosque de Robert Burlingame; los recuerdos de su niñez y la historia de los años cincuenta, que incluye la epidémia de poliomielitis, de Charles Behlen; y el agudo y perspicaz oído de Walt McDonald.

Fue Alejandro Cerda quien me pidió una selección de poemas tejanos antes de que yo viajara a Chile en mayo de 2006. Alejandro a su vez me mandó una selección de poemas de poetas porteños de la Quinta Región para que yo la tradujera, y esa selección, junto con poemas de poetas de otras partes de Chile, aparecerá en la revista estadounidense *The Dirty Goat* en septiembre de 2007.

Después de presentarle mi selección de poemas tejanos a Alejandro, él agregó otros que había encontrado por su cuenta a través del Internet. Una vez que llegué a Reñaca, trabajamos juntos en las traducciones. Siempre hay en la poesía cosas difíciles de traducir, especialmente si contiene referencias culturales de una zona con su propia historia, su flora y fauna particular, y sus palabras y frases idiomáticas. Pero estoy convencido de que, gracias a la paciencia de Alejandro, pudimos aproximarnos a las ideas y dichos tejanos, los cuales, como en toda poesía, resultan imposibles de reproducir en otra lengua. Sin embargo, quedo satisfecho algo de la poesía tejana debe vislumbrarse en español y estoy muy agradecido con editores de *El Navegante* por darnos esta oportunidad de compartir con sus lectores un poco de la imaginación y el arte poético de mi tierra natal.

[Aquí, como ejemplo de la poesía tejana, hay un poema de Rebecca González, titulado «Los trabajadores en los terrenos de la sandía»:

> Las cigarras cantan en los terrenos de la sandía,
> sus alas transparentes como prismas en el sol,
> hasta que los surcos sanos y verdes vagan en el calor,
> pellizcan la tierra como gemidos de acordeón.
>
> Trabajadores en la tierra tejen su labor tan lento,
> rebajando, cortando, acarreando las filas de sandías,
> suaves adentro como un vientre
> en que se podría atascar un cuchillo.
>
> Las cigarras cantan en los terrenos de la sandía,
> los rizos del calor danzan con locura,
> como vapores de gasolina de un pañuelo
> que uno huele para drogarse antes de un baile.
>
> El sol arriba es una mujer,
> una puta caliente bajo la piel,
> y si tú eres un hombre,
> trabajas como un demonio debajo de ella,
> la veneras con sudor,
> trabajo intenso al ritmo de las cigarras,
> en un día tan largo, que es lo único que importa.]

La nueva poesía chilena y su nonagenario antipoeta

La poesía o antipoesía de Chile se puede analizar bajo dos puntos de vista[159]. Por un lado, tiene que ser una tarea difícil continuar con la tradición poética de este largo y delgado país de poetas de talla mundial, que incluye a Vicente Huidobro (1893-1948), Gabriela Mistral (1889-1957), Pablo Neruda (1904-1973), Nicanor Parra (nacido en 1914), y Enrique Lihn (1929-1988). Por otro lado, puede parecer natural e incluso inevitable que las generaciones venideras sean elevadas por herencia, al mismo nivel de la poesía andina, como lo hicieron sus predecesores de prestigio internacional.

En 1971, durante mi visita a Chile, reuní para una antología que se imprimió al año siguiente en la revista de Wisconsin, *Road Apple Review*, la obra de poetas pertenecientes principalmente a la generación de 1960, junto con poemas de Parra, Lihn y Jorge Teillier de la generación anterior. Mi objetivo fue entonces, y lo es ahora, documentar

---

159 «La nueva poesía chilena y su antipoeta nonagenario», *The Dirty Goat*, no. 17 (2007): 14-16.

la dinámica escena poética durante el siglo XX y que sigue en el siglo XXI haciendo de Chile la nación líder en América Latina en el ámbito de este arte literario. Hace treinta y cinco años no podría haber predicho con ninguna seguridad que la poesía de los poetas más jóvenes como Floridor Pérez, Gonzalo Millán, Jaime Quezada, Oliver Welden, y Cecilia Vicuña podría llegar a ser tan duradera como lo ha sido. A pesar de que estos poetas han producido importantes obras, y Gonzalo Millán ha logrado reconocimiento en Canadá y Cecilia Vicuña en Inglaterra y Estados Unidos, ninguno es tan ampliamente conocido como Huidobro, Mistral, Neruda, Parra y Lihn. Sin embargo, esos cinco miembros de la generación de 1960 han influido e inspirado a las siguientes generaciones de poetas chilenos, los que a su vez han ayudado a mantener vivo el legado creativo de vital importancia de su país.

Durante mi visita a Chile en mayo de 2006, volví a reunir una selección de poemas de Chile, esta vez de una generación más reciente, junto con unos extractos de «Also Sprach Altazor», el poema de 1993 de Nicanor Parra, parte de su *Discursos de sobremesa*, que acababa de publicarse en 2006[160]. Una vez más, no puedo predecir si las obras que he elegido para traducir probarán ser tan perdurables o influyentes como las de la generación de 1960, y mucho menos como las de Huidobro, Parra, Lihn, y los ganadores del Premio Nobel Mistral y Neruda. Lo que sí que me da esperanzas para el futuro de la poesía en esta tierra de poetas de renom-

---

160 La lista completa de los poetas en esta selección es la siguiente, en orden de aparición: Sergio Ojeda Barías, Camila Escobar Escalona, Bernardo Chandía Fica, Armando Roa Vial, Francisco Véjar, Mario Meléndez, Boris Durandeau Stegmann, Karen Toro, Marcia Saavedra, Sergio Rodríguez Saavedra, Karen Devia, Alexis Zamora, Guillermo Rivera, Pablo Arraya, Alejandro Cerda, Nicanor Parra.

bre es el hecho de que en esta misma selección se encuentra un joven autor prometedor de 17 años de edad, que, al igual que sus colegas poetas en sus veintes, treintas y principios de los cuarenta años de edad, representa la continuación de una línea literaria que todavía incluye al gran antipoeta, Nicanor Parra, quien a los 92 años sigue con su asombrosa carrera como pensador creativo iconoclasta. También se incluye en esta edición de *The Dirty Goat* la obra del poeta chileno Óscar Hahn (nacido en 1938), traducido por mi amigo texano, James Hoggard, que ha reproducido tres colecciones de la poesía de Hahn, entre ellos su *Versos robados y otros poemas*, publicado el año 2000 por la editorial de Northwestern University, y su volumen de próxima publicación titulado *En un abrir y cerrar de ojos*, que recientemente ganó el premio Casa de las Américas. Hahn es ahora considerado como uno de los más destacados poetas chilenos activos, con su recopilación de poemas, *Apariencias profanas*, aparecidas de la Editorial Hiperión, Madrid, en 2002.

Siendo todavía una adolescente, Camila Escobar Escalona está representada en esta mini-antología como un ejemplo de lo que ella ha llamado a su placer de «almacenar lejos sus sentimientos en viles cajas mentales». El poema de Camila, «El Vigía», me recuerda en algo al famoso *Veinte poemas de amor y una canción desesperada*, de Neruda, cuando ella enumera partes de su cuerpo y su relación con las exigencias del amor y la pérdida del yo independiente. Como miembro del grupo de «poetas porteños» de la costa del Pacífico, basado principalmente en las ciudades de Valparaíso, puerto principal de Chile, y la vecina Viña del Mar, Camila se une a poetas de diversas partes del país, incluyendo especialmente la capital Santiago. El único poeta fallecido de esta selección es Bernardo Chandía Fica, que murió el 2001 a los 36 años, y que recibió en 1999 el prestigioso premio de poesía de la Fundación Pablo Neruda. Su poema «Recuento», refleja su propia visión de un concepto expresado desde hace mucho tiempo por Nicanor Parra en su temprana «Manifiesto»: «Para nuestros mayores / La poesía fue un objeto de lujo / Pero para nosotros / Es un artículo de primera necesidad: / no podemos vivir sin poesía». Si Bernardo no estuvo consciente de su alusión a la declaración del antipoeta, Armando Roa Vial en su ingenioso poema «Responso hipocondríaco al margen de Enrique el linajudo», se refiere directamente tanto a Enrique Lihn, conocido por su ser un «resignado» antipoeta, como a Parra, cuyo verso final de su «Manifiesto» («Los poetas bajaron del Olimpo») se ve alterado por Roa diciendo: «es el poema el que debe bajar del Olimpo». Es sólo una actitud sana de las nuevas generaciones de poetas frente a sus antecesores.

Más allá de sus fronteras, los poetas chilenos también están al tanto de otras formas de arte, incluyendo la ficción en prosa, el jazz y la música pop. En «Escuchando un Charlie Parker y leyendo "El perseguidor"», Sergio Ojeda Barías combina su evidente amor por la música de «Bird» Parker con su conocimiento del famoso cuento del escritor argentino Julio Cortázar, una obra basada en parte en la vida de ese genio del bebop. El enfoque de Sergio en el tiempo de la historia va al corazón de la música, así como al tema central de tratamiento ficticio de Cortázar. Otro poema que revela el atractivo del jazz es «Apuntes sobre la carátula de un disco de Stan Getz», de Francisco Véjar, donde la música, así como los libros y el amor, son imprescindibles para la vida del hablante. En una vena más humorística, Mario Menéndez se burla en «El clan Sinatra» de su propia poesía a través de una «Capacidad negativa» (frase famosa del poeta inglés John Keats) que le deja oír canciones pop como las oyen los gatos del vecindario. Mi elección de estos poemas para traducirlos se debe en gran parte, aunque no por completo, a que yo soy un antiguo fan del jazz. Históricamente, la admiración y la práctica del jazz en Chile se remontan a mediados de la década de 1920 y pueden presumir de una impresionante tradición que se mantiene en plena vigencia hasta nuestros días.

Sin poder mencionar a todos los poetas y poemas en esta compilación, me gustaría dedicar unas palabras a «Imago Dei», de Boris Durandeau Stegmann, una obra bastante inusual en la poesía chilena ya que utiliza la mitología clásica para acometer contra lo que Parra ya había considerado «Los vicios del mundo moderno». Neruda nunca empleó la mitología, mientras que Lihn en ocasiones podía jugar con este tipo de material. Pero en su mayor parte, los poetas chilenos comparten con Huidobro (autor de *Altazor* 1919-1931), Neruda, Mistral, y Parra una preocupación por la vida contemporánea, cuyo paisaje, la flora, la fauna y la gente, miran, no a través de un lente clásico, sino a través de su campo de visión, propia del Nuevo Mundo. Poetas como Karen Toro y Alejandro Cerda, que recientemente han ganado premios de poesía en Chile, tienden a centrarse en su escena local, costera, con su viento y olas omnipresentes, pero que en éstos han descubierto conexiones emocionales que pueden gatillar acordes de respuesta en lectores de cualquier lugar. En este sentido, las nuevas generaciones de poetas chilenos son auténticos herederos de la rica línea poética de su país.

Traducción de Jéssica Maralla

Reseña de *Bitácora del emboscado* de Francisco Véjar

Hay lugares que inspiran a la poesía, ya sea en alabanza o censura[161]. Tradicionalmente, los poetas tienden a celebrar el campo o la pequeña aldea, oponiéndolo a la ciudad, como hace Gabriela Mistral en su: «Elogio de los pequeños pueblos», que alaba la falta de materialismo. Jorge Teillier —cuya obra Francisco Véjar admira— también miró con nostalgia a su *small-town*, ubicado en la zona sureña de La Frontera. La Mistral prosigue en «Recado sobre Pable Neruda», donde cuenta que el bardo podía ofrendarnos «ciudades modernas en sus muecas de monstruosas criaturas». Pero tal vez ella en su fase final no se refería únicamente a la ciudad, más bien tendió a presentar ambos lados de la vida urbana, el dolor y la ternura, que es la disposición visible de *Bitácora del emboscado*.

Véjar describe la playa de Quintay como un escenario idílico, pero también puede ver a la ciudad como «único espacio donde encuentras una parte del cosmos». Entiende

---

[161] Reseña de *Bitácora del emboscado* de Francisco Véjar, *Mapocho: Revista de humanidades*, no. 59 (2006): 433-434.

que Santiago es un lugar donde uno entra en el «inmenso oleaje de las cosas» y descubre, como dice en una nota, «la caducidad y el esplendor del ámbito urbano». De algún modo el océano se transforma en un emblema de la ciudad y hasta parece capaz, como declara Gabriela Mistral, «de tornar todo en una joya». De regreso de la playa, Véjar asimila el tedio de la ciudad a la muerte que aguarda con sus oscuras multitudes; pero luego se reconcilia con la urbe y la ficción que encarna: «El sueño de alguien que no se reconoce / y se busca incesante en los espejos».

La ciudad y su identidad son las imágenes que articulan el tema central de *Bitácora del emboscado*. Hacen de este libro, pese a sus frecuentes alusiones románticas, un retrato realista y actual del hombre en busca de significado. No es casual que hable de «la pesadumbre de puertas y ventanas», de una «extraña intimidad». Pero se da cuenta de que en la misma ciudad puede ponerse en contacto con la naturaleza, porque en sus parques «Siempre habrá algo que te guste; / como el vuelo del mirlo / o la compañía muda de los árboles». Aunque encuentra en ella innumerables barreras, con su «enigma de llaves y cerraduras», ve en lo citadino su acceso a la cultura. En la costa, siente que algunos de sus amigos no apreciarían el mar por sí mismo, sino que buscarían en él sus propias imágenes. Sin embargo, él mismo, al repetir su necesidad del océano, compara las olas con el fraseo rítmico de Charles Mingus, acompañado de un poemario del escocés Douglas Dunn. Su apego a la ciudad es inevitable.

Puede decir que el mar es «la única piedra filosofal que llegamos a poseer», pero también la ciudad «nos une y separa de cuartos vacíos y sombras / que por un instante se encuentran / más allá de nosotros». El poeta siente urgencia de descubrir lo inefable, lo incomprensible. Y es la ciudad, con sus condiciones multitudinarias e impersonales, donde captura esa realidad que traspasa lo cotidiano. Este descubrimiento proviene a menudo de la relación con su amada y algunos objetos compartidos, simples ceniceros o libros de lomos quebrados que revelan un valor superior. Incluso desea habitar en un país semejante a los ojos y el cuerpo de su amada, quien llega a ser como extrañas calles que orientan su vida. Muchos de los versos celebran a otros poetas por buscar «ese lugar no cifrado», irrecuperable.

Músicos como Mingus, Duke Ellington, Stan Getz o Chet Baker, aparecen en sus poemas viviendo en una ciudad ideal, abstracta. El poeta incluso puede contactarse con el arte a través de la calle que habita: Miguel de Cervantes. Y en su poema a Leopoldo María Panero, asocia la niebla de su pasaje citadino, con una estación mítica inspirada en este influyente poeta español.

En suma, la urbanidad nos une a mundos de significados dispares. El libro entero quiere construir puentes entre esos universos, equilibrando múltiples oposiciones: la opresiva y deprimente congestión de la ciudad, con sus puertas que pueden conducirnos al amor, la música y a ese «inmenso oleaje de las cosas».

Traducción de Claudio Giaconi

Jazz en Chile y en su poesía

Como ha demostrado el musicólogo Álvaro Menanteau, en su destacado libro *Historia del Jazz en Chile*, hay una larga tradición de esta música en este país de los grandes poetas como Vicente Huidobro, Gabriela Mistral, Pablo Neruda y Nicanor Parra[162]. Hacia 1926, sólo tres años después de las primeras grabaciones de gigantes del jazz norteamericano como King Oliver y Louis Armstrong, el chileno Juan Bohr grabó una canción, «I tenía un lunar», en la cual un cornetista toma un coro en el estilo auténtico del jazz. Desde entonces, los chilenos han participado en la creación de esta música que ha capturado los corazones de los oyentes mundiales, y que también ha inspirado a los poetas y prosistas internacionales, casi desde el nacimiento de un arte que se considera el único de origen en el Nuevo Mundo, y como dice Julio Cortázar en su novela *Rayuela*, «la única música universal del siglo [veinte]». El último músico que Menanteau menciona en su libro es la saxofonista Melissa Aldana, quien estudia actualmente en la escuela Berklee de Boston. Tuve la suerte de escuchar a Melissa en el año 2006 cuando

---

162   «Jazz en Chile y en su poesía», *Extramuros* (enero 2008): publicación virtual, Valparaíso.

ella tenía solamente 18 años de edad, y ya en ese tiempo me impresionó como un talento sobresaliente. Entre el año 1926 y 2006, fueron innumerables los músicos chilenos que tocaron el jazz, y el libro de Menanteau incluye un disco compacto que ofrece 23 grabaciones que cubren 64 de los 80 años de la participación chilena en la formidable historia de esta música tan fascinante.

Con respecto a los escritores chilenos que han sido inspirados por el jazz, no puedo nombrar a los maestros como Huidobro, Mistral, Neruda y Parra, aunque es posible que existan poemas de ellos de que desconozco. Sin embargo, hay varios críticos y poetas que puedo mencionar, entre ellos Hernán Loyola, quien escribió un perspicaz ensayo sobre el jazz, publicado en 1994 en *La revista de la Casa de las Américas*. El artículo de Loyola lleva el título «El Jazz en Cortázar: La discada del Club de la Serpiente», y el autor nombra a Nicanor Parra como uno de los escritores de la generación de Cortázar. Incluso, Loyola parece aludir a la antipoesía del chileno cuando cita dos obras del argentino, primero de su *La vuelta al día en ochenta mundos* y después de *Rayuela*: «[el saxofonista] Lester [Young] escogía el perfil, casi la ausencia del tema, evocándolo como quizá la antimateria evoca la materia»; «el orden del poeta se llama antimateria». Loyola cita del largo elogio en *Rayuela*, en el cual el novelista caracteriza al jazz como «una nube sin fronteras» y algo

> que reconcilia mexicanos con noruegos y rusos y españoles, los reincorpora al fuego central olvidado, torpe y mal y precariamente los devuelve a un origen traicionado, les señala que quizá había otros caminos y que el que tomaron no era el único y no era el mejor (...) y que un hombre es siempre más que un hombre y siempre me-

nos que un hombre, más que hombre porque encierra eso que el jazz alude y soslaya y hasta anticipa…

Más recientemente, el joven poeta Sergio Ojeda Barías ha publicado un poema que trata del saxofonista Charlie Parker y «El perseguidor», el cuento de Cortázar en que ese genio del Bebop aparece a través del protagonista, Johnny Carter. En el cuento los auditores del jazzista ven a Bruno, el narrador y biógrafo de Johnny (que irónicamente no entiende ni estima al objeto de su estudio), como una persona que «se trepara a un altar y tironeara de Cristo para sacarlo de la cruz». A menudo el músico jazzístico se ve en la literatura como un santo o un redentor, pero en vez de ello, Ojeda Barías enfoca su poema en el tema del tiempo, que es tan importante en la música, al igual que en el cuento de Cortázar. De hecho, Loyola también cita *La vuelta al día en ochenta mundos*, con respecto a este mismo tema del tiempo en relación con un compositor-pianista pionero del período del llamado hard bop: «ha pasado apenas un minuto y ya estamos en la noche fuera del tiempo, la noche primitiva y delicada de Thelonious Monk». Además, Loyola sigue con una frase de Cortázar en que se unen estas dos ideas, de los jazzistas como creadores de otro tiempo y como redentores: «quizá en alguna esfera nos redimen».

Mi amigo chileno, José Hosiasson, un aficionado de primera del jazz, ha publicado reseñas y comentarios sobre el jazz en *El Mercurio*, y también ha contribuido artículos al diccionario *Grove* del jazz, que es la obra clásica para el estudio de esta música. Un artículo de José, o Pepe, como se le conoce mejor, traza la carrera del gran saxofonista Harry Carney, quien tocó en la orquesta de Duke Ellington casi desde los primeros años hasta la muerte de ese líder extraordinario. Uno de los mejores poemas sobre el jazz por un poeta chileno, de los que yo conozco, es «Fantasía en negro y blanco», en el libro *Apariciones profanas* de Óscar Hahn. En este poema, con su título que recuerda «Black and Tan Fantasy», la composición ellingtoniana del año 1927, el hablante implica el poder curativo del jazz, que es otra perspectiva de la música que es bastante frecuente en la literatura. El narrador del poema dice que está tendido en su lecho de enfermo, escuchando un disco de Duke Ellington, su famoso «Mood Indigo». El líder ha fallecido y sus músicos lo velan con sus

> instrumentos que suenan como voces
> y voces que suenan como instrumentos.

Es una observación muy hábil con respecto a una canción como «The Mooche» de 1928, igual que a «Hot and Bothered» del mismo año, citado por Loyola como un ejemplo de «la fabulosa payada» con que se entusiasman los miembros del Club de la Serpiente. De repente el narrador en «Fantasía en negro y blanco» revela que él no había nacido todavía en el año 1930 cuando fue grabado «Mood Indigo», pero que sin embargo puede escuchar la música porque existe la ejecución en el disco. Es decir que la tecnología fue en esa época un milagro que hizo posible la preservación de las ejecuciones imprescindibles e irrepetibles de los músicos del jazz. Además, hay otro milagro en el poema de Hahn cuando una «aparición profana» aparece en la forma del Duque, quien se acerca a la cama y pone su mano en la frente del narrador. A mi parecer, la idea acá en Hahn, también tan familiar en la literatura, es que el jazzista puede curar a los enfermos, aunque el líder-compositor es un «fantasma del año 30».

Del año 1966, tengo un disco que se llama *Tijuana Moods*, un álbum que compré en Santiago en ese año y que lleva las notas informativas de Paco Deza sobre el jazz de Charles Mingus. No conozco ningún poema chileno que trate de Mingus, aunque puede que haya uno o más. Por lo menos Francisco Véjar menciona Mingus en su poema «Meditación frente al mar (Restaurante Miramar, Quintay, septiembre de 1998)», donde dice «Es grato caminar solo por la playa / y empaparse de los fraseos de Charles Mingus», pero por lo general, los poemas chilenos sobre el jazz solamente nombran a los músicos, sin decir algo de su música. En el caso de Sergio Rodríguez Saavedra, su poema «Retractación autoral» observa de paso que «esos temas de Miles Davis / ...sólo una mujer pudo escuchar». En «Armando Rubio Huidobro (1955-1980)», Jorge Teillier alude a la música por la frase «All the jazz», aunque probablemente debe ser el famoso «All That Jazz». Según Véjar, un amigo de Teillier, esta referencia al jazz refleja la importancia profunda que tenía la música para ese poeta «lárico». El mismo Véjar, en su poema «Apuntes sobre la carátula de un disco de Stan Getz», revela que el jazz para él es un tesoro, y es como

> esa llama que quisiéramos encender
> como un profano que retorna a su creencia
> y enciende las velas de un oxidado candelabro.

La imagen religiosa del jazz casi siempre resplandece en la poesía de sus discípulos. Sin embargo, hay diferencias de opinión, como hay diferentes religiones. Loyola nota que Ronald, un personaje en *Rayuela*, opina despectivamente que mientras que Bix Beiderbecke, el blanco cornetista legendario, podía ejecutar solamente un coro muy breve en cada canción, debido a la tecnología de los años veinte, «un pajarraco como Stan Getz ... se te planta veinticinco minutos delante del micrófono». Menos sagrada es la imagen del jazz, o de la música de un cantante medio jazzístico, en el poema de Mario Meléndez, que se titula «El clan de Sinatra». En este caso el hablante reclama que los gatos de su vecindad no quieren escuchar su poesía, que ellos prefieren los compactos de Sinatra que los hacen «tararear sus temas». Un CD en especial «les para los bigotes / y los lanza de cabeza contra los vidrios», mientras que los poemas del hablante los hacen estirarse, bostezar o conversar entre ellos «en un acto lamentable de ignorancia y sabotaje». Finalmente, el hablante vuelve

> a encender el CD
> para que cante Sinatra
> y esos gatos se llenen de poesía.

Un poema de Sergio Mansilla, su «Homeless Jazz», no habla directamente de la música, sino que sugiere que haya un eslabón entre indigentes y el jazz. No entiendo exactamente lo que Mansilla está diciendo, pero a lo mejor el poeta ve en los mendigos algo que se relaciona con los blues del jazz, o algo entre la música y la «temblorosa vida» de los sin hogar que «como niños que al hablar / lo hacen en una media lengua de borrachos». No creo que el poema sea una crítica al jazz, sino un comentario sobre los mendigos y el jazz que no se aprecia como debe ser. Me parece más claro el punto de vista, vis à vis al jazz, en el poema de Mansilla que se llama «El monstruo carmesí». Aquí el narrador refiere a «un jazz lejano como el fuego» (la imagen del fuego un constante símbolo de la pasión por la vida y la compasión en esta música), y dice que «es lo único que alegra / a las muchachas abandonadas después del último coito». Si entiendo correctamente el sentido en este poema de Mansilla, el jazz representa, como lo hace frecuentemente, un recurso de consuelo.

Un poema chileno sobre el jazz que intenta una definición bastante compleja de la música es «Latín y jazz» de Gonzalo Rojas. En este caso el poeta compara y contrasta el idioma clásico (y el imperio romano que el lenguaje representa) con la música del trompetista Louis Armstrong (y el destino de su raza que él simboliza). La comparación/contraste envuelve las distintas historias de los dos sujetos: el reino de Roma y la esclavitud de los africanos, representados por las palabras «opulencia» y «látigos» y las frases «el ocio» y «el golpe amargo». Además, el poema desarrolla una analogía entre el latín y el jazz por las frases «el frenesí / y el infortunio de los imperios» y «el éxtasis antes del derrumbe, Armstrong». El hablante está simultáneamente leyendo a Catulo y escuchando a Armstrong, y le parece que de su silla salen olas «de arterias y de pétalos» de «la improvisación del cielo» donde

> vuelan los ángeles
> en el latín augusto de Roma con las trompetas libérrimas, lentísimas,
> en un acorde ya sin tiempo.

A pesar de sugerir lo eterno de los versos de Catulo y las notas de Armstrong, el narrador reconoce que las historias y las artes de ambos encarnan el «vaticinio» y el «estertor», y que el «resplandor» de Roma y el «éxtasis» que es el jazz terminan en el «derrumbe».

La equivalencia que Gonzalo Rojas propone entre los dos mundos de tiempos tan distantes y distintos ofrece una interpretación del significado del jazz que es menos optimista que en otra poesía dedicada a esta música y sus músicos. No obstante, el poema presenta un punto de vista quizás más realista en vez de demasiado idealizado. En verdad, cualquier éxtasis tiene su colapso inevitable. Sin embargo, uno siempre quiere, como dice Francisco Véjar, encender esa llama, retornar a la creencia y renovar la experiencia extasiada de la poesía e, igualmente, de la música del jazz.

El canto de América

En la contra-portada de la edición en inglés del libro *Cántico Cósmico* de Ernesto Cardenal se habla del peligro de comparar este poema «con cualquier otro trabajo poético escrito anteriormente porque ello reduciría su originalidad»[163]. Resulta un poco rara esta advertencia al lector que encuentre un poema como el de Cardenal, que pertenece tan claramente en la tradición épica, que abarca en este caso desde *De la Naturaleza de las cosas* de Lucrecio y la sección 44 del «Canto a mí mismo» de Walt Whitman hasta los *Cantos* del «querido» Ezra Pound (especialmente el Canto 45 sobre la usura). El comparar el *Cántico Cósmico* con estas y otras épicas, como *La Divina comedia* de Dante, es comprender la tradición vital de la cual este poeta-sacerdote nicaragüense, y ex ministro de cultura sandinista, ha forjado una obra maestra. Esto también nos permite apreciar no sólo en qué manera este largo poema de 43 Cantigas es original sino la razón por la que Harold Pinter lo puede declarar «un logro

---

[163] «El canto de América», *The Texas Observer* 85, no. 25 (1993): 18-19; traducido y reimpreso en *Re-visiones de Ernesto Cardenal* (Managua, Nicaragua: ANE, Centro Nicaragüense de Escritores, 2010), 429-434.

extraordinario» y como Amiri Baraka puede llamar a Cardenal «uno de los más importantes poetas que escriben actualmente».

Así como Lucrecio encontró en el pensamiento de Demócrito y Epicuro una visión racional y comprensiva de la naturaleza de la vida y su misión social, también Cardenal ha utilizado teorías antiguas y contemporáneas acerca de los orígenes del universo para descubrir una filosofía cósmica para su propia agenda moderna. Pero mientras el poeta romano de los tiempos de Julio César rechazó la religión como una ilusión innecesaria, Cardenal —sacerdote católico y un comunista de la doctrina marxista-leninista— busca explicar el sentido y el propósito de la vida al mostrar en toda la creación un principio de amor y de compartir en comunidad que coincide con su visión religiosa y revolucionaria. El poeta comienza su épica —una obra de más de 30 años de trabajo y publicada primero en su Nicaragua natal en 1989— con una Cantiga titulada «El Big Bang». Como todo poema épico el *Cántico Cósmico* de Cardenal tiende a recurrir a enumeraciones para desarrollar y defender su tesis acerca de la vida, de dónde viene y adónde va y por qué. Aun en esta práctica de importancia menor pero altamente tradicional, la épica de Cardenal es excepcional. Las citas que hace el poeta de Giordano Bruno, Copérnico, Galileo, Newton, Einstein, Bohr, Heisenberg, Eddington, Wheeler y otros son impresionantes en sí mismas, pero la presentación y síntesis de sus teorías para mantener su tesis son verdaderamente épicas en su arrebato y sin embargo tan lúcidas al revelar la naturaleza poética de los pensamientos científicos de esos personajes.

El alcance de Cardenal de ninguna manera está limitado a la elaboración de sus imágenes e hipótesis en el campo de la física y la astronomía. Parménides y Darwin están citados en el mismo párrafo de versos con los mitos cosmológicos de los indios de Norte y Sur América; Engels, Fray Bartolomé de las Casas, Fidel Castro, Che Guevara y Augusto César Sandino son citados junto con Hitler y Ronald Reagan; y la lista épica de los nombres de los revolucionarios nicaragüenses caídos en combate es contrapuesta a un desfile de los «Barones Ladrones» de los Estados Unidos y de dictadores desde Trujillo hasta Somoza y Pinochet. Lo más admirable de todo es la inagotable lista de nombres de Dios en la última Cantiga:

> *Leza* de la ba-ila de Zimbabwe
>   Aquel-de-quien-proceden-todas-las-cosas
> (ya no tan bueno como antes de los blancos).
> …
> «Vive todavía» decían los wiyot-wishosk
> «y existirá siempre mientras dure el mundo»,
> tribu de California ya extinguida.

Aunque el poema de Cardenal a veces intenta llevar agua a su molino político y se vuelve entonces estridente y unilateral, frecuentemente, como en la Cantiga 3, *Cántico Cósmico* canta al amor como la fuerza en el universo que a través de un proceso inacabable de evolución contrarresta la segunda ley de la termodinámica,

> que nadie puede negar:
>   Un agotamiento final.
> Una fría muerte calórica del cosmos.
>
>   El orden tiende al desorden.
> La Acrópolis corroyéndose por la polución.
> Venecia, sus balcones se desmoronan como queso gorgonzola.

También mucho de la épica de Cardenal se dirige a contradecir la noción de que la improbable creación del universo fue un accidente. Como declara en la Cantiga 12: «Esta mi épica astrofísica sólo tiene un sentido: / proclamar que el universo tiene sentido». Más interesante aún es que Cardenal describe poéticamente en la Cantiga 41 el funcionamiento sexual del cosmos, desde la atracción de las células y la atracción de la gravedad hasta las

> fauces [abiertas de par en par] como para comerse.
> O vientre contra vientre, él la viola a ella. O
> se exploran todo el tórax, los élitros, con las antenas.
>   Con sus mandíbulas besándose.
> El picoteo delicado de las plumas sedosas del cuello de
>   ella.
> Misteriosos cambios químicos los hacen cortejarse.

Es la «cópula de los contrarios», que para Cardenal es el cosmos, para la que este poeta-sacerdote hace sus enumeraciones con tanta imaginación y musicalidad. Y es por este «acto sexual cósmico» que él renunció a «aquellas muchachas», prefiriendo entregarse a la divinidad a quien el poeta siente «como solo en el universo. Dios buscando amor como yo». Para estar unido «con el Uno», Cardenal dice, «yo entregué mi bolsita de ilusiones, mi puñado de sueños».

Cuando *Cántico Cósmico* toca el tema de la decisión personal del poeta para entrar al sacerdocio a los 31 años y dejar a la muchacha a la que él aún recuerda con nostalgia y ternura, el poema alcanza una intimidad y hace de Cardenal una especie de héroe épico, pero es obvio que para él sólo existen en esa categoría Dios y aquellos de su Nicaragua natal que se sacrificaron por la victoria de la Revolución.

Otra tradición épica seguida por Cardenal es la de usar la forma como una expresión de la historia nacional. En este aspecto el poeta cita a Fray Bartolomé de las Casas en la

Cantiga 15, que se titula «Nostalgia del Paraíso». Después de relacionar la teoría atómica de Demócrito con «Adán y Eva que engendraron a todos» Cardenal amontona imágenes del Edén y del Paraíso (incluyendo el Paradiso de Dante) y del descubrimiento de América, concluyendo con una referencia de Fray Bartolomé a Nicaragua como «felicísima tierra». El poeta continúa citando a este fraile del siglo XVI:

> «Es esta Nicaragua un paraíso del Señor.
> Es unos deleites y alegría para el linaje humano.
> Tanta fertilidad, tanta abundancia, tanta amenidad
> y frescura, tanta sanidad, tantos frutales,
> ordenados como los huertos de las ciudades de Castilla.»

Esto contrasta dramáticamente con la tierra del poeta que está asolada por la guerra, donde jóvenes mártires mueren por la libertad, donde bibliotecas enteras son quemadas, y donde desde un avión con peligro de ser derribado por la contra derechista, Cardenal mira abajo como exiliado:

> La amada geografía para mí denegada.
> No veía ciudades. Sólo montañas azules.
>   Y de pronto
>   vi Estelí,
>   para desgracia mía, sabía que eso era Estelí:
>   Un cuadrilátero negro y negruzco
> entre los campos verdes.
> No los blancos de casitas chiquitas y colores abigarrados:
>   sino una mancha de color de carbón y de
>   ceniza
> como un cuerpo carbonizado.

Al hacer un homenaje épico a su Patria, Cardenal una vez más se apoya en la tradición épica de las enumeraciones para recordar a los poetas que han significado tanto para él, como también a aquellos como Pablo Antonio Cuadra con los que tiene diferencias. Rubén Darío, el primer poeta latinoamericano reconocido internacionalmente, aparece frecuentemente en esta épica de la patria de Darío, que él mismo celebrara en su propia poesía. Un poeta nicaragüense menos conocido, Alfonso Cortés, nació en León y murió allí, después de haber estado unos 30 años en un hospital psiquiátrico en Managua. Este es el poeta que suministró a Cardenal muchas de sus ideas sobre la relación de la poesía y el cosmos, tales como que «el origen de las cosas no es anterior sino permanente», y le proporcionó el título de una Cantiga clave, la número 34, «Luz antigua sollozante». En esta sección del *Cántico Cósmico*, Cardenal habla sobre sí mismo y sobre su épica:

> Yo no soy científico, obviamente, pero veo
> que la ciencia actual es la misma de Empédocles de Akragas
> que decía que el universo es sólo tierra, agua, aire y fuego.
> En aire y agua solamente consiste un huracán.
> …
> Einstein encontró tan extraña la expansión del universo
> que creyó incompletas sus ecuaciones.
> El problema de este poema es que como el universo
>   se expanda indefinidamente
>   o colapse sobre sí mismo.

Aunque el poema de Cardenal es circular —la primera Cantiga empieza con «en el principio» y la última (titulada «Omega») termina con las mismas palabras— sin embargo, no «colapsa sobre sí mismo» sino que se exalta en enumeración whitmanesca de las variedades de olas, las torrentes de historias de todas las culturas, contrastando al Goethe de la ciencia y la poesía con la visión dantesca de los hornos de Buchenwald, enumerando los beneficios de la Dorada Edad de Piedra cuando «no había reyes, ni dictadores, ni primer ministro, ni policía, / ni cárceles ni burócratas. / Nadie se arrodillaba humildemente a saludar a otro», y señalando «el rápido paso de la ameba a Einstein», encontrando que la Evolución «no es tanto competencia / como cooperación». Si la combinación que hace Cardenal de comunismo y comunión cristiana parece más bien ingenua, y si sus ataques a los dictadores fascistas no aparecen muy bien ecuánimes por ser los crímenes masivos de facto de Stalin y la dictadura represiva de Castro, su épica es global en la cobertura de tantos temas y teorías, y los pasajes descriptivos llenos de fuerza y agudeza de la naturaleza maravillosa del espacio-tiempo, que ha inspirado verdaderamente a este nicaragüense a las alturas épicas de un canto científico-poético. Afortunadamente para quienes no pueden leer el *Cántico Cósmico* en su lengua original, John Lyons ha hecho una traducción al inglés muy fiel y que se lee muy bien, una tarea épica en sí misma, que el traductor ha realizado con gran destreza, cabal entendimiento, claridad incansable. La monumental obra de arte de Cardenal muy bien lo merece.

Traducción de Julio Valle-Castillo

«Para poder traducirlos amplío mi mundo»: entrevista a Dave Oliphant, traductor de Nicanor Parra

D ave Oliphant es profesor de literatura en la University of Texas en Austin, Estados Unidos, y traductor al inglés de la obra de Nicanor Parra y Enrique Lihn, entre otros poetas chilenos[164]. La crítica especializada ha destacado y premiado su prolífico, prolijo y acertado trabajo como traductor de poesía.

Nació el año 1939 en Fort Worth, Texas, está casado con chilena, es poeta y, junto con ser un gran historiador y degustador del jazz, es un enamorado del habla castellana, con sus variados matíces y posibilidades, y de nuestra larga y sorprendente geografía. Algunos de sus trabajos más notables son: *Discursos de sobremesa* de Nicanor Parra, traducido como *After-Dinner Declarations* (Host Publications, 2009); *Love Hound*, poemario de Oliver Welden (Host Publications, 2006) que ganó el premio en el New York Book

---

164 «"Para poder traducirlos, amplío mi mundo": entrevista a Dave Oliphant, traductor de Nicanor Parra», por María Inés Zaldívar, *Taller de letras*, no. 48 (2011): 179-183.

Festival de 2007; *Figures of Speech: Poems* (Host Publications 1999), que es una selección de poemas de Enrique Lihn. De sus propias publicaciones como poeta podemos mencionar: *Backtracking* (Host Publications, 2004), y *Memories of Texas Towns & Cities* (Host Publications, 2000).

María Inés Zaldívar: ¿Cómo llegas a la poesía chilena? ¿Cómo la conociste?

Dave Oliphant: Un día, en los años sesenta, estaba en la biblioteca para estudiantes de pregrado en mi universidad (la Universidad de Texas, en Austin), y había una revista metodista publicada por esa iglesia. Dentro de esa publicación encontré un artículo sobre la poesía chilena, escrito por Miller Williams, que después fue traductor de Nicanor Parra. Este artículo presentaba también una selección de siete poetas: Enrique Lihn estaba ahí, y se incluían dos o tres poemas de Nicanor Parra. Me impactó tanto la poesía de Parra que me dije a mí mismo: tengo que conocer a este poeta.

Y luego, el año 1965, fui miembro de un grupo de estudiantes que seleccionaron para un intercambio entre la Universidad de Chile y la Universidad de Texas, porque yo era el editor de la revista estudiantil en la universidad. En ese entonces el encuentro aquí en Santiago fue en el antiguo pedagógico; éramos quince alumnos y nos alojamos ahí, en Macul. Al año siguiente, quince estudiantes chilenos fueron a Estados Unidos. Óscar Hahn había sido miembro de ese intercambio dos años antes que yo.

Antes de venir yo no sabía nada de Chile, excepto por el cobre, y sabía muy poco español, casi nada en términos de conversación. Así, cuando llegué al pedagógico pregunté de inmediato por el poeta Nicanor Parra, pero nadie tenía idea de cómo contactarme con él. Finalmente, otro miembro de nuestro grupo conoció a un alumno de otro lugar, no del pedagógico, que dijo que él había conocido a

Parra a través de una estudiante, que me la presentaría, para que a su vez ella nos llevara con el poeta. Así fue, la conocí, ella se dio cuenta de que yo estaba ansioso, dispuesto a hablar, o tratar de hablar con Parra. Entonces me invitó a ir con ellos. Y fuimos a su casa en La Reina.

M.I.Z.: ¿Y en esos años, cuáles fueron los primeros poemas de Parra que empezaste a traducir?

D.O.: Primero comencé a traducir algunas estrofas de *La cueca larga*, pero luego me dediqué a trabajar más con la obra de Enrique Lihn, porque supe que Miller Williams estaba sacando un libro con la poesía de Parra en Nueva York, y yo no quería competir con eso. En cambio, por ese entonces, todavía nadie estaba traduciendo a Lihn.

M.I.Z.: En los años sesenta…

D.O.: Claro, el sesenta y seis. Es posible que alguien en Inglaterra lo haya hecho, pero no recuerdo. Según entiendo, nadie había traducido las cosas que yo estaba traduciendo de Lihn.

M.I.Z.: Y volviendo al poeta chileno que descubriste en una revista metodista y te cautivó … es notable que mañana vayas a ver nuevamente a Nicanor Parra. Desde 1965 a 2011.

D.O.: Sí, él tenía 50 años cuando lo conocí. Lo conocí en agosto y su cumpleaños es en septiembre; por lo tanto, todavía tenía 50 años. Me gustan los números …

M.I.Z.: ¿Redondos?

D.O.: Claro, son fáciles de recordar. Lo he conocido por casi 47 años, no lo he visto durante todo ese tiempo, pero lo he visitado en La Reina como tres veces, en Las Cruces ésta ya será la cuarta vez. Bueno, ¡fantástico!

M.I.Z.: O sea, tienes una larga, larga historia con Parra y la poesía chilena. Y ¿conociste también a Enrique Lihn?

D.O.: Sí, lo conocí en su casa por primera vez en el año 1971, y después él fue a Texas dos veces. La segunda vez fue a nuestra casa y se quedó encantado con mi esposa. La primera vez hablé con él en el departamento donde estaba viviendo. Después de eso estuve con él y José Donoso en una mesa redonda, nosotros tres. Por último, en el Instituto Chileno Norteamericano, donde hizo esa *performance* con el personaje que él...

M.I.Z.: ¿Pompier?

D.O.: Pompier. Apareció en el escenario como se vestía normalmente, pero después se sentó y empezó a pintar su cara, se puso una peluca, un sombrero de copa, con anteojos.

M.I.Z.: Esos anteojos... claro, eso fue bajo la dictadura de Pinochet.

D.O.: Eso fue el año 77. Yo tenía un *poster* de Lihn como Pompier y una revista me lo pidió para usarlo en una publicación, y desafortunadamente me lo perdieron.

M.I.Z.: Y, en relación a la poesía misma, a su escritura, porque tú también eres poeta...

D.O.: Sí, pero escribo una poesía tan distinta a la de Parra y Lihn. Me gusta eso. Su poesía es un desafío para mí porque, como digo, escribo de otro modo. Mi experiencia es que entrando en su poesía, para poder traducirlos, amplío mi mundo.

M.I.Z.: Y, ¿en qué consiste la diferencia entre tu mundo poético y el mundo poético que reconoces en Lihn, en Parra?

D.O.: En el caso de esos dos poetas, yo entiendo que Parra influyó a Lihn con su antipoesía, pero a su vez es muy distinta la poesía de Lihn. Es otro mundo para mí, porque yo soy un regionalista, el estado de Texas ha influido en mi poesía, la historia del estado, los distintos lugares del estado en los que he vivido; todo eso puede verse en mi libro *Memorias de pueblos y ciudades tejanas*, en el que aparecen treinta pueblos y ciudades diferentes. Ellos no escriben ese tipo de poesía exactamente. Parra habla de Chile, por supuesto, pero no es tan limitado, probablemente, como mi poesía en ese sentido. Él tiene una visión internacional, habla de las crisis, de la ecología. Lihn por otra parte es un poeta de la sicología. Yo no tengo nada de eso, creo…

M.I.Z.: En lo que yo he leído, tú eres más de cosas concretas y locales, cercanas, familiares.

D.O.: Claro, de mi familia, de mis profesores, de la gente. Lihn seguramente escribió sobre personas, pero más como símbolos, en un sentido amplio. Por eso me encantaron los poemas de los dos. Igualmente tengo que decir que la poesía de Neruda me gusta, especialmente las odas. Enrique Lihn, y también Pablo de Rokha, rechazaron las odas de Neruda, pero a mí me encantan. Por ejemplo, considero que la «Oda a las tijeras» es un poema magistral. En Montegrande hay una casa de la cultura de Gabriela Mistral que es una biblioteca, y ahí encontré ese libro de Pablo de Rokha *Neruda y yo*, y anoté unas frases donde habla justamente de las odas: (lee) «Éstas son "las odas", estas mismas, y éstas, en estado virginal y demencial auténtico, sin justificación posible ni viable: ramplonas, idiotas, roñosas de imbecilidad insolente, usadas y manoseadas como monedas falsificadas … con estafas y bodrios terribles» (carcajadas).

M.I.Z.: ¿De Rokha dice eso respecto de las Odas de Neruda, no?

D.O.: Sí, y no estoy de acuerdo con él.

M.I.Z.: ¿Qué otros autores o autoras de la poesía chilena has traducido, te han llamado la atención?

D.O.: Teillier también me gusta. También me sorprende siempre la poesía de Gabriela Mistral. La entiendo mejor cada año. Me impresiona más. No tiene nada que ver con los otros, es muy distinta a Parra, a Lihn. Me doy cuenta de que puedo entenderla mucho mejor después de visitar Pisco Elqui y el Valle de Elqui, y el Museo en Vicuña… Lihn escribió un bello poema sobre ella.

M.I.Z.: La «Elegía». Lo escribe cuando ella muere. «Dirán que se ha dormido para siempre…».

D.O.: Por otra parte, también me gusta la poesía de los años sesenta y la de Cecilia Vicuña, aunque después hizo unas cosas que no me gustaron tanto. ¿Sabes que la conocí por primera vez en Texas? Nunca aquí, porque por esos años ella estaba viviendo en Inglaterra. Descubrí su poesía en la Ciudad de México, por una revista que se llamaba *El corno emplumado*, a la que me suscribí. Había salido justamente en el primer número que recibí en mi casa. Bueno, traduje tantos otros, incluyendo muchas odas de Neruda. También traduje un poema suyo que vi en el diario *El Mercurio* y que me encantó, después de un maremoto alrededor de 1969. Él estaba hablando del daño causado por las olas como si fueran armamentos de una guerra y de un tren lleno de leones, y puso en el título la fecha de 25 de julio, pero no el año en que ocurrió. Nunca he visto ese poema en una colección o en un libro.

M.I.Z.: … Y tu traducción, ¿dónde apareció?

D.O.: Apareció en la revista *Micromegas* de la Universidad de Iowa, donde Óscar Hahn estudiaba y después enseñó. Esa revista tuvo un número especial dedicado a la poesía chilena, editado por Carlos Cortínez, que era muy amigo mío. Él me ayudó mucho, porque en 1966 cuando estuve dando clases en la Católica, él vino desde Valdivia a Santiago —no sé cómo supo de mí, claramente por medio de la embajada— y me invitó a dar dos charlas sobre temas que a ellos les interesaban. Luego, Carlos fue a Iowa a estudiar el doctorado y me invitó a traducir. Traduje para la revista de la universidad un poema de Parra que se llama «Un hombre», ese poema de Neruda, uno de Cortínez y otro de Óscar Hahn.

M.I.Z.: ¿Y en este momento estás trabajando en una traducción en particular?

D.O.: No, pero he recopilado muchas cosas para traducir. Esa es la manera en que yo trabajo. Cuando vengo a Chile me pongo a buscar poetas. Poco a poco he estado pensando, pues tengo una revista que publica traducciones en una edición bilingüe y siempre puedo publicar ahí. Por ejemplo, parte de mis traducciones de los *Discursos de sobremesa*, de Parra, fue publicado ahí primero.

M.I.Z.: ¿Y has pensado en una antología de poesía chilena?

D.O.: Claro, claro. Hablé con la gente en la editorial de la Universidad de Texas, y ellos tienen interés pero en este momento estoy trabajando en una biografía en verso. ¿No te he contado nada de eso?

M.I.Z.: No.

D.O.: Bueno, estoy escribiendo una biografía épica en verso.

M.I.Z.: ¿Una biografía tuya?

D.O. No, de Kenny Dorham, un músico jazzista de mi estado que tiene fama internacional. Hasta el momento tengo doce cantos y me faltan cinco más para terminar, todas las estrofas están en rima. Otra cosa que he hecho, y es una locura, es tratar de mantener los versos del mismo largo.

M.I.Z.: ¿Y vas a hacer doce cantos?

D.O.: Diecisiete.

M.I.Z.: Eso va a ser interesante.

D.O.: Tengo ochenta y cinco páginas. Nadie va a leerlo, pero me causa mucho placer hacerlo. Me encantan los poemas épicos. Entonces por eso no me he metido en ese proyecto de la antología, pero lo tengo pendiente.

M.I.Z.: Porque sería interesante. Una antología de poesía chilena bilingüe, y con un espectro tan grande y variado, no? Y ahora, Dave, para terminar, imagínate que estás escribiendo la introducción de esta antología de poesía chilena, dime una o dos ideas que escribirías de todas maneras.

D.O.: Bueno, yo diría que Chile ha producido una poesía de un nivel más alto que el de casi todos los países, seguro que de Latinoamérica. Brasil tiene una poesía linda, profunda. Pero según mi opinión, Chile tiene una poesía mejor. En este momento, para mí, Nicanor Parra es uno de los poetas más grandes del mundo, si no el más grande. Lástima que no haya recibido el Nobel, pero Chile tiene dos y los otros países no han recibido ninguno, a no ser por Octavio Paz de México. Chile tiene una poesía especial, y sigue la tradición. Hay tantos poetas buenos ahora. En Estados Unidos, en cambio, no sé si todavía tenemos una tradición tan grande hoy en día, porque los grandes en Estados Unidos han muerto y, por ejemplo, Harold Bloom habla de John Ashbery como el último de los grandes. Es cierto que es bueno, pero no está a la misma altura, para mí.

M.I.Z.: Claro, no se podría comparar con un Whitman.

D.O.: Ni con Stevens, William Carlos Williams. Es otra cosa ahora. Ashbery me gusta, pero aun con muchos libros publicados, no alcanza a la altura de los mencionados.

M.I.Z.: Entonces una de las cosas que tú dirías es que en Chile hay una calidad importante y que se mantiene a través del tiempo.

D.O.: Sí, y por lo mismo sería una antología fabulosa porque, como he dicho, hay tantos buenos, además de Parra, Lihn, Huidobro Neruda, Mistral. Hay mucho más, hay cosas de Óscar Hahn que están ahí, de Teillier y de muchos otros. Hay cosas muy lindas, una poesía muy buena.

Imagen y poesía de Dave Oliphant

> «Mis poemas tratan sobre personas reales que he conocido; lugares verdaderos en los que he estado; y el lenguaje es muy formal en casi todos ellos. Lamentaba esto último, pero luego lo acepté como un hecho...»[165]

Sin embargo, es esa formalidad a que alude el propio autor, como resignándose a aceptar la verdad de la que no puede evadirse, lo que le ha permitido plasmar en imágenes e ideas insuperables, toda una experiencia riquísima en valores humanos. Puesto que son personajes reales y lugares verdaderos los que habitan su sólida poesía, en ella está la vida, común y cotidiana, transformada en palabras, igualmente cotidianas, mostrando más la anécdota que la vivencia, más la emoción que el suceso mismo.

> Lo que Dave Oliphant ha escrito son hechos vividos:
> El asesinato de Pérez Zujovic
> exministro del Estado de Chile

---

[165] *The New Breed: An Anthology of Texas Poets*, edited and introduced by Dave Oliphant (DeKalb, Illinois: Prickly Pear Press, 1973), 112.

ametrallado en la trampa de un gangster cinemático,
atrapado en Hernando de Aguirre:
la calle donde entonces me desesperaba...[166]

Poeta y testigo presencial de una de las épocas más convulsionadas de nuestra historia, «viajó en las micros atochadas al igual que todos nosotros»[167] y a pesar de dominar el idioma —ha estado en Chile varias veces y es esposo de una chilena—, confiesa que «hablaba nuestra lengua como si estuviera a punto de atragantarse»[168].

Su profunda y auténtica identificación con Chile lo lleva a confundir, en el plano de lo real literario, los protagonistas de esos años, sintiéndose él mismo la víctima de la violencia:

El funeral: ¿el suyo o el mío?[169]
...
Se pueden leer los titulares de los diarios ahora:
poeta gringo,
o al menos así se autodenominaba, muerto a los 33.
Diagnóstico: falta de fortaleza intestinal,
o mejor todavía: baleado por los extremistas.
Fue un verdadero amigo de la nación,
un intérprete de nuestra larga tradición[170].

Escrito en Chile, este y otros poemas son tocados, a veces quizás traspasados, por la política contingente que, no obstante, jamás llega a convertirse en tópico, sino, más

---

166   Dave Oliphant, «Una y otra vez», *Tebaida Chilepoesía* no. 7 (1972): 6.
167   Oliphant, «Una y otra vez», 6.
168   Oliphant, «Una y otra vez», 7.
169   Oliphant, «Una y otra vez», 6.
170   Oliphant, «Una y otra vez», 6.

bien, en breves y vibrantes trazos —versos no más—, pero plenamente capaces de reflejar un estado de cosas:

> Ahora más que nunca el enemigo parece ser otro.[171]
> ...
> Jurando jamás regresar,
> es decir, si salgo de ésta con vida.[172]
> ...
> Somos los invasores del Norte.[173]
> ...
> Las radioemisoras silenciadas por la cadena nacional.
> ... en sus pensamientos caminaba por estas calles
> salpicadas de propaganda
> siempre se acordaba de los árboles
> como el pan nuestro de cada día ...[174]

Dave Oliphant dice tener conciencia de carecer de sentido lírico y ser poseedor de uno épico, «en una época donde el estilo ha sido declarado más muerto que Jehová»[175]. Tal vez su aseveración pueda considerarse válida en cuanto a lo épico de los acontecimientos que poetiza, pues posee de verdad el «don lírico»[176] de los mejores poetas contemporáneos de habla inglesa y algo debe haber madurado de lo aprendido de los poetas latinoamericanos, que con tanta comprensión ha sabido traducir. Ese don lírico de la poesía simple, de las cosas sencillas, de gestos y actos hasta rutinarios, que en un momento cualquiera, bajo otra luz, al ser vistos con ojos nuevos, en un particular estado de ánimo, cobran fuerza y

---

171 Oliphant, «Una y otra vez», 6.
172 Oliphant, «Una y otra vez», 6.
173 Oliphant, «Una y otra vez», 6.
174 Oliphant, «Una y otra vez», 6.
175 *The New Breed*, 112.
176 *The New Breed*, 112.

sangre para transformarse en actos de heroicidad. La épica de la vida, para no decir más:

> ... y sin embargo, porque el amor quiebra todas las leyes,
> dejamos una propina generosa,
> a pesar de lo que la lógica aconseja
> y la marea de odio que este pueblo callado recuerda[177].

Nacido en 1939 en Fort Worth, Texas, Oliphant vivió su infancia en «Cowtown», trasladándose a los nueve años de edad al pueblo de Altus, en Oklahoma. Estudió en Beaumont y en Austin («donde me comenzó esta urgencia de hacer libros»)[178] edita la revista *Riata*, una publicación literaria estudiantil, vastamente aclamada en todo el país por su excelente contenido y formato y en cuyas páginas dieron sus primeros pasos muchos jóvenes intelectuales norteamericanos que hoy han conseguido el reconocimiento literario y académico. Fija, luego, su nueva residencia en Waco y debe vender zapatos ortopédicos para sobrevivir. En Hebbronville («a 50 millas de Laredo»)[179], inicia el estudio del español bajo la tuición de Adolfo Martínez que, pasado el tiempo, lo hace viajar a Chile. Antes de radicarse en DeKalb, Illinois, donde actualmente vive, desempeñándose como profesor de la Universidad de Illinois del Norte, ejerció la docencia en el New Mexico Junior College, protagonizando una de las experiencias más significativas de su carrera.

Dave Oliphant fue censurado y sufrió represalias económicas al intentar hacer respetar los «simples derechos

---

177   Dave Oliphant, «Two Texas Poets Rendezvous at the Bowie Public Library», *The New Breed*, 115.
178   *The New Breed*, 112.
179   *The New Breed*, 112.

constitutionales, garantizados a todos los ciudadanos americanos, y ampliamente reconocidos de constituir la esencia de los estatutos de libertad académica, garantizados a todos los miembros de la comunidad universitaria y de colegios superiores de los Estados Unidos»[180]. Oliphant fue destituido por las autoridades administrativas bajo el cargo de «incompetencia académica»[181]. No obstante, y tal como fue demostrado posteriormente por el fallo de una Corte Judicial, el verdadero motivo de su destitución lo constituyó el hecho de haber declarado su solidaridad y apoyo a un colega negro, vejado y perseguido:

> Marginado de las aulas, purgado, cesante y con necesidades,
> con el pavor de las pesadillas y visiones insultantes:
> Yeats, una lección indiscutida; yo blandiendo, —¡Dios mío!—
> una Smith y Wesson ...
> ...
> Entonces fue que añoré desaprender estas artes inútiles, como leer, escribir, investigar; arrancar los diplomas de las paredes; acabar con los tomos shakesperianos...[182]

Su lucha en contra de la discriminación racial, aberración practicada en el seno de un colegio superior, recibió el apoyo de la Corte de Justicia y de la Unión de Libertades Cívicas. Y aunque la decisión de la Corte fue favorable, ordenando a las autoridades escolares que lo reincorporaran, prefirió renunciar para continuar su carrera en DeKalb, Illinois, «tierra de maíz y de largos y duros inviernos»

---

180 Arra M. Garab, «Dave Oliphant: Portrait of a Poet», *Armenian Digest* 1, no. 10 (1971): 16.

181 Garab, 16.

182 Dave Oliphant, «Armenia», en Garab, 19.

> ...agradecí y pensé lo que debía hacer:
> regresar indeseado, medio borracho, amado de la chusma,
> o viajar al Este hacia la vida que esperaba con un sabor prohibido.
> Libre de toda culpa, pero aún exiliado, sostuve el vaso,
> el coñac negro deslumbraba amargo, como mi decisión.
> ...
> Entonces llegué a esta tierra de maíz
> Y de largos y duros inviernos, con un sueldo ultrajante...[183]

Desde 1969 enseña en la Universidad de Illinois del Norte, donde estudia, simultáneamente, para obtener su Doctorado.

> Whiskey, Schubert e Illinois, así es
> como estoy: borracho de sentimentalismo,
> a muchos Estados de distancia de los mexicanos-americanos...[184]

«Me conozco todo Texas, excepto la tierra del Big Bend. Mi esposa, una chilena, odia Texas. Yo, por supuesto, quiero mi tierra, pero la amo a ella más, así es que probablemente jamás regresaré. Estoy de acuerdo con ella en que a menudo Texas me ha desilusionado»[185].

Lo que no acabará por desilusionarlo jamás es esa «urgencia de hacer libros»; la poesía como una forma de vida, que lo lleva al acto de poetizar pequeñas grandes cosas; escribir incansablemente y sentir «esa alegría especial de co-

---

183   Oliphant, «Armenia», en Garab, 19.
184   Dave Oliphant, «To Dr. Fred Logan Jr. in Hell», en *The New Breed*, 118.
185   *The New Breed*, 112.

municarse con tantos poetas cuyas vidas reflejan la verdad y la belleza de sus poemas»[186].

> Otra lengua con qué saborear la vida,
> una esposa y un hijo de sangre latina,
> una mezcla que hace feliz el desorden[187].

Durante su breve permanencia en Chile, en 1971, estableció una febril actividad, conociendo lugares y escritores, colecccionando libros y anotando frases en su memoria prodigiosa[188], para luego, pasados tan sólo algunos meses, editar en inglés la «Antología de Poesía Chilena Contemporánea»[189], una de la más completa de las recopilaciones poéticas traducidas sobre poesía chilena.

> Y su mundo es ése, no sin haberse hecho varias veces la pregunta crucial:
> La cuestión es:
> ¿puede el poeta encontrar la felicidad
> siendo profesor universitario?[190]

TEXTO Y TRADUCCIONES DE OLIVER WELDEN

---

186   *The New Breed*, 112.

187   Oliphant, «To Dr. Fred Logan in Hell», *The New Breed*, 119.

188   «La seriedad intelectual de Dave Oliphant queda en evidencia tras cada una de sus conversaciones o juicios. Sutil y rotundo, anota mentalmente cada una de las conversaciones que sostiene (nombres, conceptos, frases y giros lingüísticos chilenos, nuevos para él). Durante varias horas, cada día, se encierra en su habitación para preparar su próximo recital, lectura o conferencia». Diario *La Defensa*, de Arica, Chile: edición del 7 de julio de 1971.

189   *Road Apple Review* 4, no. 1 (1972).

190   Dave Oliphant, «Can a Poet Turn Gunslinger and Find Happiness?», *Brands* (Oshkosh, Wisconsin: Road Runner Press, 1972), sin enumeración.

www.ingramcontent.com/pod-product-compliance
Lightning Source LLC
Chambersburg PA
CBHW021841220426
43663CB00005B/359